산불은
마을을

어떻게 바꿨나

이재민(罹災民):
재해를 입은 주민

산불은 마을을

어떻게 바꼈나

저자 **신하림**

산불은 왜 끊이지 않고 발생하는 걸까,

산불이 발생한 이후
주민들의 삶은 어떠한가

바른북스

이 책은 방일영 문화재단의 지원을 받아
저술 · 출판되었습니다.

프롤로그

반
복
되
는
재
난

∴ 2019년 강원 고성 산불 피해 식당

산불에 탄 건물 내부는 음침했다. 누군가는 피땀 흘려 일군 사업장일 식당, 포근한 삶의 공간이었을 주택은 시커멓게 그을려 있었다. 매캐한 연기 냄새는 가시지 않았다. 살림에 쓰이던 물건, 사람들이 살았던 흔적은 아무것도 남아 있지 않았다. 바닥에는 깨진 유리창의 파편과 잿더미만 가득할 뿐이었다. '끝'이라는 단어의 실체였다. 이런 건물이 모여 있는 마을은 음산했다. 2019년 4월 4일 강원특별자치도 고성군 토성면 원암리에서 시작돼 속초까지 번진 대형 산불*의 피해 현장은 그랬다.

2019년 고성 산불은 이전의 산불과는 차원이 달랐다. 도심의 일상적인 공간인 주유소와 LPG 충전소는 언제 터질지 모르는 화약고가 됐다. 소방관들은 밤새도록 거센 불길과 사투를 벌였다. 산불은 숲뿐만 아니라 일상의 공간도 폐허로 만들었다. 피눈물을 흘린 이재민 수만 1,100여 명, 피해액만 1,300억 원에 달했다. 대통령부터 각 부처 장관들까지 수차례 다녀가며 복구 지원을 약속했다. 그렇게 수개월이 지나갔고 모두 생각했다. '설마 산불이 또 나지는 않겠지'라고. 2020년과 2021년은 큰일 없이 지나갔다.

2022년 3월 4일. 경상북도 울진에서 담뱃불로 추정된 불이 강원도 삼척 방향으로 북상하기 시작했다는 1보 기사가 올라왔다. 주민 800여 명이 대피했고 국가중요시설인 삼척 원덕읍 호산리

---

* 피해면적 100㏊ 이상 혹은 24시간 이상 지속된 산불을 의미한다.

LNG 생산기지 사수 작전이 시작됐다. 다행히 밤사이 강풍이 잦아들었고 방화선이었던 가곡천을 넘지 않았다. 하마터면 큰일 날 뻔했다고 한숨 돌린 다음 날 새벽 1시 무렵, 강릉 옥계면에서 산불이 시작됐다는 속보가 올라왔다. 인접한 동해 시내로까지 번졌고 요양 시설 입소자 대피령 등이 내려졌다. 강릉과 동해 2개 지역을 공포에 몰아넣은 산불은 평소 이웃과 갈등을 겪던 한 주민이 저지른 방화에서 시작됐다. 축구장 5,800개 면적이 불에 탄 결과보다 원인이 더 충격적이었다.

방화로 산불이 시작된 마을을 찾아갔다. 하천은 메말라 있었다. 물줄기의 3분의 2는 바닥을 드러낸 채 잡초만 무성해 개울처럼 보였다. 흙은 봄 농사를 짓기 힘들 정도로 물기 없

∴ 2022년 산불 피해를 입은 강릉 옥계면 남양리의 남양천

이 푸석푸석했고 바람이 조금만 불어도 흩날렸다. "산불을 끌 물을 구하기 어려웠다"는 고령 주민들의 말은 또 다른 차원의 문제였다. 기후변화로 인한 재난의 또 다른 현장이었다. 그럼에도 불구하고 2022년에도 생각했다. '설마 산불이 또 나지는 않겠지'라고.

2023년 3월이 지나고 4월 중순에 접어들 무렵. 모두 "올해는 무사히 넘어가는가 보다" 했다. 하지만 4월 11일 오전 9시 강릉에서 '태풍급 강풍 속 산불 발생 비상'이란 속보가 올라왔다. 태풍급 강풍과 산불이란 두 단어의 조합에 모두 긴장했다. 강풍은 위력적이었다. 동해시 천곡동 웰빙레포츠타운 입구에 설치된 대형 조형물은 강풍에 연결 부위가 부러지며 무너졌다. 동해 시내에 주차된 한 차량의 앞 유리는 강풍에 날아온 나뭇가지가 박히면서 산산이 깨졌다. 삼척의 한 아파트 신축 공사장에서는 강풍에 거푸집이 떨어져 나갔다. 태풍급 강풍만으로도 이미 재난 상황이었다. 이런 강풍에 쓰러진 소나무에 전선이 끊어지며 경포 산불은 시작됐다. 태풍급 강풍 앞에 산불 예방책의 핵심으로 거론됐던 초대형 진화 헬기(담수 용량 8톤)도 무용지물이었다. 아예 뜰 수조차 없었다.

강릉 경포가 잿더미가 됐다는 것은 충격을 넘어 상처였다. 지역 경제와 문화의 중심이었기 때문이다. 바다로 나가기 전에 있는 호수와 이를 둘러싸고 수백 년을 내려온 고택들, 선비들이 풍류를 즐긴 정자(亭子), 소나무 숲이 있는 공간이었다. 주민과 관광객 모두 즐겨 찾았다. 경포의 봄은 분홍빛이다. 흐드러지게 핀 벚꽃, 나들이를 나온 가족과 연인의 웃음이 가득했다. 예전에는 상인들이 파는 솜사탕, 신혼부부와 친구들의 짓궂은 뒤풀이도 볼 수 있었다. 경포가 재와 연기로 뒤덮인 2023년 4월 11일, 유일한 위로는 오후에 내린 비였다. 비로 인해 산불이 멈추기 전까지 주택뿐만 아니라 펜션들까지 수백 채가 불에 탔다. 2019년 고성과 속초, 2022년 강릉 옥계면과 동해에 이어 '2023년은 강릉 경포 사람들이구나' 싶었다. 일상을 복구하기 위해 피눈물을 흘려야 하는 사람들의 앞날이 그려졌다. '우리는 언제까지 이렇게 살아야 하나'란 무기력감을 느꼈다. 끔찍한 동해안 대형 산불이 2019년, 2022년, 2023년 연달아 발생했다는 것에 또 다른 두려움을 느꼈다.

필자는 역대 피해 규모가 가장 큰 동해안 산불이 발생했던 2000년 4월, 강릉의 한 고등학교 3학년 교실에 앉아 있었다. 이 산불로 건물 800여 동, 가축 6,000여 마리, 축구장 3만여 개의 숲이 잿더미가 됐다. 술렁이는 아이들에게 어느 과목 선생님은 교탁을 치며 "신경 쓰지 말라"고 단호히 말했다. 전교 1~2등을 다퉜던 친구네 집도 불에 탔는데 중요한 시기에 제자들이 흔들리지 않기를 바라는 마음이었을 것이다. 당시 특별재난지역 선포까지 됐지만 재난의 실상을 체감하지는 못했다. 산불이 발생했던 곳은 면(面) 단위 지역이었고 동(洞) 구역이 밀집한 시내까지는 차로 30분 이상 나가야 했다. 강릉이란 같은 도시에 살아도 공간적으로 꽤 분리됐다. 2005년에는 양양 산불이 발생했다. 시뻘건 불길이 천년 고찰 낙산사를 집어삼키며 화마(火魔)의 실체를 보여줬다. 이때 까지만 해도 산불은 어쩌다 한번 발생하는 재난이었다. 하지만 2019년 이후 상황은 달라졌다. 대형 산불은 해마다 반복됐고 일상의 공간으로 번졌다. 산불로 인한 사회적인 변화에 눈을 돌리지 않을 수 없었다. 산불은 왜 끊이지 않고 발생하는 걸까, 산불이 발생한 이후 주민들의 삶은 어떠한가 등등. 24년 전 고등학교의 선생님은 "산불에 신경 쓰지 말고 공부나 해"라고 하셨지만 이제는 달라졌다. 대형 산불을 신경 쓰고 공부해야 하는 상황이 돼버렸다. 이 책을 쓰게 된 이유다.

** 2023년 4월 강릉 산불 피해 현장

약한고리, 짧은관심

국내 자연 및 사회 재난을 통틀어 동해안 대형 산불이 갖는 특이성이 있다. 특정 지역에서 특정 기간에 반복되는 재난은 동해안 대형 산불이 유일하다. 반복성은 동해안 대형 산불 재난의 가장 큰 특징이다. 이를 보다 구체적으로 살펴보기 위해서는 국내 재난관리 체계를 눈여겨봐야 한다. 「재난 및 안전관리 기본법」에 따라 국내 재난은 '자연 재난'과 '사회 재난'으로 구분된다. 자연 재난은 태풍, 홍수, 호우, 강풍, 풍랑, 해일, 대설, 낙뢰, 가뭄, 지진, 황사, 조류 등 자연 현상으로 인해 발생하는 재해이다. 사회 재난은 화재, 붕괴, 폭발, 교통사고, 환경오염 사고, 감염병 등이 해당된다. 산불은 많은 이들이 강풍에 의한 자연 재난이라고 알고 있지만 관련 법에 따라 사회 재난으로 분류된다.

　재난 중에서도 피해 정도가 심각할 때 정부가 내리는 조치 중 하나가 특별재난지역 선포이다. 「재난 및 안전관리 기본법」의 제60조에 따르면 특별재난지역은 대통령령으로 정하는 규모의 재난이 발생해 국가의 안녕 및 사회질서의 유지에 중대한 영향을 미치거나 효과적인 피해 수습을 위해 특별한 조치가 필요하다고 인정될 경우 선포된다. 동해안 대형 산불의 반복성은 특별재난지역으로 선포된 역대 사회 재난 현황을 보면 알 수 있다. 행정안전부에 따르면 우리나라에서 사회 재난으로 특별재난지역 선포가 이뤄진 사례는 총 14건(2023년 9월 기준)이다. 이 중 7건이 산불로 인해 선포됐다. 국가 안녕이나 사회질서에 중대한 영향을 미칠만한 사회 재난의 절반이 산불이었던 셈이다. 그런데 대형 산불로 특별재난지역이 선포된 7건 중 5건은 강원 동해안 산불이었다. 2000년 동해안 산불, 2005년 양양 산불, 2019년 고성 산불, 2022년 강원 동해안(강릉·동해·삼척) 산불, 2023년 강릉 경포 산불 등이다. 선포지역, 재난 유형을 기준으로 보면 최다이다. 그리고 이런 동해안 산불은 모두 3~4월에 발생했다.

역대 사회 재난 특별재난지역 선포현황 〈2023년 9월 기준〉

	재난명	발생일 및 선포일	선포지역	피해 및 복구내용
1	삼풍백화점 붕괴	1995. 6. 29. 1995. 7. 19.	서울 서초구	□ 인명: 1,439명 (사망 502, 부상 937) □ 재산: 건물 1동, 차량 310대, 869개 업체 물품파손 등 □ 복구지원금: 3,585억 원 (보상금 3340.8억, 직접지원 69.5억, 간접지원 (금융) 86.2억, 간접지원(세 제) 68.7억)
2	동해안 산불	2000. 4. 7. ~4. 15. 2000. 4. 17.	강원 (고성, 강릉, 동해, 삼척)	□ 인명: 17명 (사망 2, 부상 15) □ 재산: 1,072억 원 건축물 808동, 가축 6,068마 리, 농기계 1,328대, 산림 : 23,794ha □ 복구지원금: 1,671억 원 (직접 1,351억, 간접 320억)
3	대구지하철 방화사건	2003. 2. 18. 2003. 2. 19.	대구 중구	□ 인명: 343명 (사망 192, 부상 151) □ 재산: 614.8억 원 (지하철 324억, 중앙로역 246 억, 상가피해 167건 44.8억) □ 복구지원금: 1,605억 원
4	양양 산불	2005. 4. 4. ~4. 6. 2005. 4. 7.	강원 양양	□ 이재민: 163가구 418명 □ 재산: 394억 원, 주택 163동 5,364백만 원, 비닐하우스 19동 10백만 원 산림 973ha 등 □ 복구지원금: 296억 원

재난명	발생일 및 선포일	선포지역	피해 및 복구내용

5 허베이 스피리트호 유류 유출 사고	2007. 12. 7. 2007. 12. 11.	충남 (태안, 서산, 보령, 서천, 홍성, 당진), 전남 (신안, 무안, 영광), 전북 (군산, 부안)	▫ 원유 12,547kℓ
			
			▫ 지원규모: 14,420억 원
			  − 직접지원금 1,584억 원
			  − 간접지원금 12,836억 원
			
			▫ 배·보상금: 4,329억 원

6 ㈜휴브 글로벌 불산 누출사고	2012. 9. 27. 2012. 10. 8.	경북 구미	▫ 인명피해: 23명
			  (사망 5, 부상 18)
			  − 검진/치료 인원 12,243명
			
			▫ 재산피해: 농작물 196ha, 가축 4,015두 등
			
			▫ 복구지원금: 554억 원

7 여객선 세월호 침몰 사고	2014. 4. 16. 2014. 4. 21.	경기 안산, 전남 진도	▫ 인명피해: 사망 299명, 미수습 5명 ▫ 재산피해: 2,435억 원 ▫ 배·보상금('21. 8.): 1,135억 원 ※ 35차례 심의위원회를 통해 지급

8 강원 동해안 산불	2019. 4. 4. 2019. 4. 6.	강원 (고성, 속초, 강릉, 동해, 인제)	▫ 인명피해: 3명
			  (사망 2, 부상 1)
			
			▫ 재산피해: 1,291억 원
			  (공공시설: 988억 원, 사유시설: 303억 원)
			  주택 553동, 농기계 786대, 농업시설 182개소, 축산시설 12개소, 산림 2,832ha 등
			
			▫ 복구지원금 : 1,853억 원

	재난명	발생일 및 선포일	선포지역	피해 및 복구내용
9	코로나 19	2020. 1. 20. ~ 2020. 3. 15.	대구, 경북	□ 인명피해('20. 3. 15. 기준): 대구 6,031명, 경산 521명, 청도 141명, 봉화 60명 □ 복구지원금: 4,000억 원 (대구 3,000억 원, 경북 1,000억 원)
10	경북 산불	2022. 3. 4. 2022. 3. 6.	울진, 삼척	□ 이재민: 408가구 587명 □ 재산: 2,261억 원 (공공 1,948, 사유 313) 주택 322동, 농기계 1,899대, 농막 95개소, 양봉 63농가, 산림 20,523ha 등
11	강원 동해안 산불	2022. 3. 5. 2022. 3. 8.	강릉, 동해	□ 복구지원액: 4,170억 원 (공공 3,984, 사유 186)
12	이태원 사고	2022. 10. 29. 2022. 10. 30.	서울 용산구	□ 인명피해('23. 3. 31. 기준): 사망 159명, 부상 330명 □ 복구지원금: 61억 원 (서울 34억, 경기 16억, 그 외 지역 11억) ※ (출처) 이태원 사고 복구 (지원)계획
13	2023년 4월 산불	2023. 4. 2.~4. 2023. 4. 5.	대전 서구, 옥천, 홍성, 당진, 금산, 보령, 부여, 함평, 순천, 영주	□ 인명피해: 사망 1명, 부상 1명 □ 이재민: 339가구 667명 □ 재산: 684억 원 (공공 374, 사유 310) 주택 268동, 농기계 1,107대, 농·축산·임업시설 291건, 산림 3,723ha 등
14		2023. 4. 11. 2023. 4. 12.	강릉	□ 복구지원액: 808억 원 (상상 663, 사유 145)

(출처: 행정안전부)

재난의 반복성은 곧 취약성을 의미한다. 재난으로 이어질 수밖에 없었던 '재난 발생 이전의 취약성'도 있고 재난이 반복됨으로 인한 '재난 발생 이후의 취약성'도 있다. 국내 재난관리 체계는 페탁(William J.Petak)의 재난관리 모형의 영향을 받아 '예방→대비→대응→복구' 4단계로 이어진다. '예방'은 분야별로 재해의 취약점을 분석하고 위기 요인을 사전에 제거하거나 감소시키는 활동이다. '대비'는 재해와 관련된 징후가 포착됐을 때나 발생을 가정해 위기 상황에서 수행해야 할 제반 활동을 사전에 계획, 준비하는 활동이다. '대응'은 재난 상황에서 가용 자원 및 역량을 효과적으로 활용해 신속하게 대처하는 것이고 '복구'는 재해 발생 이전의 상태로 회복, 개선시키는 활동이다. 같은 유형의 재난이 반복된다는 것은 예방과 대비가 제대로 이뤄지지 못했다는 의미이기도 하다. 동시에 재난이 반복됨으로 인해 대응과 복구도 취약해질 수 있다.

동해안 산불을 40년간 현장에서 연구한 이시영 강원대 방재전문대학원 명예교수는 재난 발생 이전의 취약성 중 하나로 기후변화를 꼽았다. 강원도의 자연 특성, 즉 소나무 위주의 조림과 양간지풍(襄杆之風)* 외에도 기후변화가 있다는 의미다. 국립산림과학원에 재직하던 시절부터 산불 연구를 시작해 현재까지 강원지역에

---

* 봄철에 영서지방에서 영동지방으로 부는 국지풍으로 고온 건조하고 풍속이 빠르다. 강원도 영동지방의 양양과 간성 사이에서 부는 바람이라는 의미이며 양양과 강릉 사이에서 부는 바람이라는 뜻에서 양강지풍(襄江之風)이라고도 불린다.

서 상주하며 동해안 산불을 연구한 이 교수는 2017년을 기점으로 동해안 산불 양상이 달라졌다고 보았다.

"동해안의 숲은 화약고가 됐습니다. 겨울철 적설량은 줄고 건조 일수가 늘어나 기후변화의 영향권에 접어든 징후가 뚜렷해졌고요. 민가에서 땔감으로 나무를 베어 쓰던 시절이 지나면서 산림자원은 수십 년간 빼곡히 축적됐죠. 산불에 취약한 조건으로 바뀌면서 대형 산불 발생 주기가 점점 짧아지고 한해가 멀다 하고 발생하고 있는 겁니다"

동해안 대형 산불이 반복되는 원인 중 하나가 기후변화라면 동해안 산불의 이재민들은 '기후 재난의 약자'로도 볼 수 있다. 대형 산불의 반복성만큼이나 중요한 것은 대형 산불에 대한 사회 인식이다. 재난에 대한 인식은 재난을 대하는 태도와 제도에 영향을 미치기 때문이다. 이시영 교수는 대형 산불이란 재난이 처음으로 사회적으로 인식된 시점을 1996년 4월 23일 발생한 고성군 죽왕면 마좌리 산불로 보았다. 육군이 사격장에서 군용 폭탄인 TNT를 처리하는 과정에서 규정을 제대로 지키지 않아 발생한 불꽃이 강풍을 타고 번져 나가면서 산불이 발생했고 배상 문제가 발생했다. 지금도 피해지역에는 국립산림과학원의 관리 아래 자연 복원지와 인공조림지로 나뉘어 생태계 복원 및 관련 연구가 이뤄지고 있다. 2000년에 발생한 동해안 산불은 국내뿐만 아니라 해외 연구진들도 관심을 가질 정도로 큰 이슈였다. 당시 위성으로 전 세계 산불을 모니터링하던 독일의 연구진이 이시영 교수팀에 문의를 하기도 했다. 2005년 양양 산불은 국내 재난 대응의 미숙함을 보여준 사례다. 당국은 산불이 진화됐다고 발표했지만 산불은 강한 바람을 타고 재확산됐고 이로 인해 천년 고찰 낙산사가 전소됐다. 성급하게 내린 판단이 부른 돌이킬 수 없는 재난이었다. 국내 대형 산불이 대규모 인명 피해로 이어진 사례는 아직 없다. 하지만 이시영 교수는 "2023년 8월 발생한 '하와이 산불'을 주시해야 한다"고 강조했다. 주택 2,000여 채가 파손되고 8조원에 달하는 경제적 피해뿐만 아니라 100여 명이 사망하는 인명 피해를 낸 하와이 산불은 우리에게도 적지 않은 시사점을 남긴다는 것이다. 영국의 비영리 자선단체 『크리스천 에이드(Christian Aid)』는 「2023년 기후 재난 피해 비용 집계(Counting the Cost 2023: A year of climate breakdown)」 보고서를 통해 하와이 산불을 2023년 최악의 기후 재난으로 발표했다.

재난에 대한 사회 인식을 논의할 때 빠질 수 없는 것이 언론 보도다. 대형 산불뿐만이 아니라 한국 언론이 특정 재난에 갖는 관심은 한마디로 짧고 굵다. 2023년 4월 11일 강릉 경포 산불이 발생했을 때도 다음날 중앙 일간지의 1면 톱 기사로 다뤄졌다. 방송도 마찬가지였다. 하지만 지속도는 길지 않았다. 당시 중앙 일간지에서 4월 12일 자 및 13일 자 이후에는 강릉 산불에 관련된 기사는 자취를 감췄다. 지역 일간지에서나 드문드문 보도가 이뤄졌을 정도다. 강원지역 일간지들도 2019년 고성 산불 발생 당시 약 3주간 보도를 이어 갔지만 그 이상을 넘기지는 않았다. 이후 재난 발생 한 달, 1주년 등 특정 시점마다 복구 상황을 다루는 기사가 나오는 패턴이다. 국내 언론이 재난을 다루는 프레임(Frame)도 제한적이다. 발생 상황과 원인에 대한 기사, 정부 및 지자체 재난 대응의 문제점, 경제적·심리적 피해에 대한 기사, 복구 과정에서 나오는 미담 정도다. 재난을 겪은 이재민이 '재난 이전의 일상'으로 되돌아가는 과정에서 겪는 어려움, 제도적 미비점에 대한 분석은 없다시피 하다. 재난 복구 체계가 장기적인 관점에서 개선되고 있는지를 연구하는 시도도 드물다. 2019년 고성산불비상대책위원회 운영을 맡았던 이재민들은 "언론의 관심이 정부의 변화를 이끌더라"고 말했다. 언론이 관심을 가지면 정부도 관심을 가졌고 언론이 관심을 거두면 고위 관료들의 발길도 끊긴다는 것을 경험적으로 터득하고 남긴 말이었다. 재난에 대한 사회 인식과 언론의 보도는 재난 복구 과정에서 매우 중요한 부분이다. 재난 이후의 커뮤니케이션은 복구의 질(質)을 좌우한다.

이 책은 대형 산불 이후 남겨진 사람들의 이야기이다. 산불이란 재난을 조금 더 긴 시각에서 바라보고 쓰여졌다. 대형 산불이 이재민 개개인과 이들이 모여 사는 마을을 어떻게 바꿨는가에 대한 관찰과 기록이다. 전체 8장으로 구성된 책의 개요는 다음과 같다. 1장부터 3장까지는 해마다 반복되는 동해안 산불이 지역에 미치는 영향을 주로 경제적 측면에서 살펴볼 것이다. 1장은 주거 불안정성과 관련된 문제들이다. 산불은 빚을 남긴다. 주택 복구 과정도 예외는 아니다. 이재민들은 정부와 지자체로부터 재난지원금, 국민 성금을 받지만 주택 복구비를 충당하기에는 역부족이다. 대출을 받을 수밖에 없다. 이렇게 새로 지은 집은 흔히 아는 '새집'의 의미와는 많이 다르다. 이재민들 중 상당수를 차지하는 60대 이상 고령층은 노후 소득원이 충분하지 않은 상황에서 재난으로 인해 더 불안정해진 노후를 보내게 된다. 아예 주택 복구를 포기한 고령층 이재민들도 있다. 주택 피해를 입은 산불 이재민 중에는 왜 고령층이 많을까? 주거 여건의 취약성도 원인이다. 노후 주택에 거주하는 고령층이 많고 마을의 도로는 소방차가 진입하기 어려울 정도로 폭이 좁다. 이 문제는 산불 발생 이후에도 개선하기 어렵다. 이재민들에게 지원되는 임시조립주택도 불안정성이 있다. 7평 남짓한 공간에서 세대원이 3명까지 살아야 하는 현 규정은 '이산가족'을 만든다. 또 임시성이라는 특성상 건물도 취약한데 특히 폭염과 한파에 2차 재난을 겪을 수밖에 없다. 과연 이런 제도는 1인당 국민 소득 3만 달러 시대에 적절한 복구책일까.

2장은 주택보다 지원책이 훨씬 더 미흡한 사업장 복구의 현실을 다룬다. 도심형 산불의 특징 중 하나는 주택뿐만 아니라 영세 자영업자들의 사업장(식당, 펜션 등)도 무너뜨린다는 점이다. 사업장은 주택보다 피해액 자체는 훨씬 크다. 하지만 국내 재난 복구책에서 사유 재산인 사업장 피해에 대한 직접 지원은 이뤄지지 않는다. 대출 등 간접 지원이 이뤄지고 이 과정에서 소상공인 이재민들은 '빚의 굴레'에 빠진다. 2019년 고성 산불 이재민들은 당시 정부의 적극 행정으로 사업장 복구는 마쳤지만 2020년부터 코로나바이러스감염증-19라는 재난과 맞닥뜨린다. 전례 없는 국가적인 재난을 연달아 겪으며 대출 상환능력도 매우 취약해지고 깊은 좌절감을 느낀다. 2023년 강릉 산불 이재민들 중에는 펜션 사업자들이 많았다. 이미 많은 빚을 지고 있는 상황에서 산불로 큰 피해를 입었고 사업을 다시 시작하기 위해 또 많은 빚을 져야 하는 처지에 놓인다. 지자체에 이자 지원 등을 요청하지만 외면당한다. 재난으로 일터를 잃은 사람들에 대한 복구책은 이대로 괜찮은 것일까.

3장은 동해안의 대표 수종인 소나무가 사라짐으로 인한 경제적 피해를 다룬다. 1년 농사를 지어봐야 도시 근로자의 월급도 건지기 어려운 것이 농촌의 현실이다. 시골 마을에서는 송이가 매우 중요한 소득원이다. 주민들은 대부분 고령층이고 이들에게 소나무 숲은 소중한 일터다. 산불은 이 모든 것을 빼앗아 간다. 지자체는 소득난을 돕기 위해 공공근로지원사업을 하지만 송이를 대체하기에는 턱없이 부족하다. 정부는 송이 대체작물 양성을 지원하는 사업도 마련했지만 실효성을 거두지 못하고 있다. 왜 그럴까?

흔히 동해안 산불 예방책으로 활엽수 내화 수림대를 조성해야 한다고 하지만 주민들에게 외면받고 있다. 그 이유를 알아본다.

산불은 빚뿐만 아니라 갈등의 씨앗도 남긴다. 4장과 5장에서는 이 부분을 다룬다. 4장은 2019년 고성 산불 이후 4년 넘도록 이어진 민사 소송 2건의 배경과 결과를 살펴본다. 산불 원인 제공자인 한국전력공사는 보상 문제의 빠른 해결을 위해 특별심의위원회를 구성해 기준을 마련했지만 '그림자'도 남았다. 4개월에 걸친 9번의 회의 끝에 나온 의결 내용을 받아들이지 못하고 민사 소송을 제기한 이재민들이 나오며 사회 갈등이 시작됐다. 이는 수년이 지나도록 회복되지 않고 있다. 이재민과 정부 간에도 팽팽한 갈등은 있었다. 한전과 보상 협상을 마친 이재민들은 정부의 구상권 청구라는 암초를 만난다. 보상 문제의 완전한 해결은 구상권 청구 소송 이후에야 매듭지을 수 있는 상황이 됐다. 「재난 및 안전관리 기본법」에 2017년 구상권 청구 근거 조항이 신설된 이후 첫 소송 사례가 2019년 고성 산불이었다. 보상 문제 해결 지연을 우려한 이재민들의 반발에도 불구하고 정부는 한전을 상대로 구상권 청구를 강행했지만 1심, 2심 모두 사실상 완패했다. 사회 갈등 해결에 무관심하고 오히려 혼란을 불러일으키는 정부의 정책 추진 과정을 살펴본다.

5장은 산불로 발생하는 소외, 산불을 일으키는 소외에 관한 이야기들이다. 2023년 강릉 경포 산불에서는 수천만, 수억 원의 재산 피해를 입고도 이재민으로 인정받지 못한 사례들이 나왔다. 콘크리트 구조물이 많은 도심에서 발생한 산불에는 맞지 않는 피해 조사 기준으로 인해 '전파(全破)'와 '반파(半破)' 어디에도 끼지 못한 '소파(小破)' 피해자들이었다. 강릉 산불은 다른 산불보다 펜션 사업자 피해가 유독 많았는데 이 중에는 펜션 건물을 빌려 사업을 하는 이들도 있었다. 시설 투자를 하고 펜션을 운영하던 '대표'였어도 복구 과정에서는 '세입자'로 분류될 뿐이다. 이들이 느낀 소외감을 들어본다. 산불은 원인 제공자가 있는 엄연한 사회 재난이지만 이 재난을 겪어보지 않은 사람들은 무심할 뿐이다. 하루아침에 주택과 사업장을 잃은 이들은 책임 규명을 위해 노력하지만 현실적으로 매우 어렵다. 이런 가운데 주민들이 무심코 던진 "산불은 자연 재난이 아니냐"는 말은 이재민들의 소외감을 극대화 시킨다. 반대로 소외감이 산불을 내기도 한다. 2022년 축구장 5,800개 규모의 산림을 태운 동해안 대형 산불의 원인인 방화 사건의 판결문을 통해 이를 알아본다.

6장은 산불 이후 2차 재난에 노출된 이재민들의 현실을 다룬다. 산불 피해 이재민들 중 상당수는 고령층이고 이들의 우울감, 불안감은 사라지지 않는다. 사진첩 등 집안의 역사가 담긴 물건이 사라졌음을 알 때마다 이재민들은 재난을 다시 경험한다. 산불로 사라진 숲과 나무는 이재민의 심리적 안정을 저해할 뿐만 아니라 집중 호우 등 2차 재난에 취약하게 만드는 요인이 된다. 그러나 2차 재난 위험에 대한 이재민과 담당 공무원의 인식 간에는 큰 차이가 있다. 이를 메울 위험 커뮤니케이션의 부재는 상호 불신을 키우며 복구의 질을 떨어뜨린다. 복구 과정에 대한 정보 제공은 이재민들의 심리 안정에 매우 중요하지만 행정은 이런 커뮤니케이션에는 큰 관심이 없다. 사방 사업 등 복구를 잘 마쳤어도 안심할 수 없다. 극한 호우 속에 다시 산사태가 발생하는 2차 재난이 이어지기도 한다. 그 사례를 소개한다.

7장은 동해안 산불 예방, 복구 단계에서 발생하는 불평등의 문제를 짚는다. 재난은 약자에게 더 가혹하다. 전기적 요인으로 2004년 속초에서 대형 산불이 발생하고도 지중화 사업 등 인프라 확대는 미흡했다. 2019년 속초와 인접한 고성의 특고압 전선에서 발생한 아크(arc)* 불티 때문에 초대형 산불이 발생했다. 그럼에도 불구하고 재정이 열악한 지자체들은 지중화 사업에 나서지 않았고 2023년 강풍에 쓰러진 나무에 전선이 끊어지면서 경포 산불이 발생했다. 이재민들은 복구 과정에서 약자의 위치에 놓인다. 개인적인 복구 계획 수립을 위해서는 구체적인 정보가 필요하지만 얻을 곳은 마땅치 않다. 행정은 개개인에게 정보를 제공하는 체계도, 의무도 없다. 이재민들은 수시로 막막한 상황과 마주하며 낙담한다. 보상 문제 등을 해결하기 위해 조직되는 비상대책위원회

---

* 대기에 노출된 2개 전극 사이에 방전이 일어나면서 발생하는 강한 빛과 열

도 조직의 열세를 벗어날 수 없다. 재난으로 인해 하루아침에 모인 이들은 의견을 하나로 모으는 것도 쉽지 않다. 이로 인해 갈등이 커지기도 한다.

이 책의 결론인 8장은 산불 재난 이후 이재민과 마을이 다시 일어서는 힘, 그러니까 회복 탄력성을 키우기 위해 필요한 부분을 다룬다. 물리적 복구에만 급급할 것이 아니라 이재민들의 심리적 부흥감을 일으키고 다음 세대에게 재난의 교훈을 남기기 위해 '학습' 단계가 필요한 이유를 본다. 또 재난 복구의 성패를 가르는 '소통'의 중요성을 다시 한번 살펴본다. 재난이라는 위험이 발생했을 때 복구의 질(質)을 높이는 관건은 커뮤니케이션이다. 끝으로 복구책의 핵심은 생활 안정을 위한 최소 지원을 넘어 이제는 '소득원 회복'이란 장기 과제에 맞춰져야 함을 제시한다. 1인당 국민 소득 3만 달러 시대에 걸맞게 재난 복구책이 성숙해야 하는 필요성을 지금부터 살펴본다.

최근 30년간 강원지역 대형 산불 발생 현황 (단위: ㏊, 억 원, ㎧)

발생	종료	장소	발생원인	피해면적	피해액	이재민 수	최대풍속
1996-04-23	1996-04-25	고성군 죽왕면 마좌리	군사격장 (폐탄처리)	3,762	227	140명 49세대	18.5
1998-03-29 13:15	1998-03-29 18:10	강릉시 사천면 덕실리	농산폐기물 소각	301	23	10명 29세대	16.1
1998-03-29 13:20	1998-03-30 07:50	동해시 이로동	입산자실화 추정	256	7	해당 없음	8.7
2000-03-25 12:38	2000-03-25 22:40	횡성군 갑천면 화전리	입산자실화 추정	289	3.1	해당 없음	14.7
2000-04-05 12:45	2000-04-06 07:00	원주시 문막읍 포진리	입산자실화	254	5	해당 없음	11.7
2000-04-07 01:38	2000-04-08 07:10	고성군 토성면 학야리	쓰레기소각	1,210	608	850명 299세대	12.4
2000-04-07 08:25	2000-04-08 07:10	강릉시 사천면 석교리	쓰레기소각	1,296			21.6
2000-04-07 10:32	2000-04-15 09:00	삼척시 근덕면 궁촌리	쓰레기소각	13,343			22.2
2000-04-07 12:30	2000-04-08 10:30	고성군 현내면 송현리	북한지역 남하	1,420			25.8
2000-04-12 03:07	2000-04-12 07:15	강릉시 사천면 산대월	쓰레기소각	109			20.4
2000-04-12 09:20	2000-04-15 09:00	동해시 삼화동	담뱃불실화 추정	2,244			23.7
2000-04-12 16:10	2000-04-15 09:00	삼척시 미로면 고천리	입산자실화 추정	4,053			23.7
2002-03-11 06:20	2002-03-12 08:10	고성군 수동면 내면리	북한지역 남하	150	6	해당 없음	15.8

발생	종료	장소	발생원인	피해 면적	피해 액	이재민 수	최대 풍속
2004-03-10 13:22	2004-03-11 01:30	속초시 노학동	고압선 절단	180	17.3	102명 38세대	24.0
2004-03-16 23:35	2004-03-17 13:00	강릉시 옥계면 산계리	방화추정	430	22.3	1명 1세대	14.2
2005-04-04 12:40	2005-04-06 15:30	고성군 현내면 명파리	북한지역 남하	184	6.5	해당 없음	18.4
2005-04-04 23:53	2005-04-06 08:00	양양군 양양읍 파일리	입산자실화 추정	973	393	418명 168세대	23.0
2005-04-28 15:35	2005-04-29 09:00	양양군 현남면 입암리	전선스파크 추정	168	12.4	32명 11세대	22.2
2017-03-09 10:28	2017-03-10 22:30	강릉시 옥계면 산계리	입산자실화	160	24.2	해당 없음	14.6
2017-05-06 11:42	2017-05-09 11:20	삼척시 도계읍 점리	입산자실화 추정	765	395.4	1명 1세대	21.5
2017-05-06 15:32	2017-05-09 06:34	강릉시 성산면 어흘리	입산자실화 추정	252	212.6	84명 38세대	20.3
2018-02-11 16:14	2018-02-13 21:00	삼척시 노곡면 하마읍리	주택화재 비화	161	77.4	해당 없음	16.7
2018-02-11 21:27	2018-02-13 21:00	삼척시 도계 황조리	원인미상	76	35.4	해당 없음	16.7
2018-03-28 06:19	2018-03-28 22:00	고성군 간성읍 탑동리	전선단락 추정	357	221.1	7명	18.7
2019-04-04 14:45	2019-04-06 12:00	인제군 남면 남전리	쓰레기소각	345	113.2	해당 없음	13.8
2019-04-04 19:17	2019-04-05 08:15	고성군 토성면 원암리	특고압전선 아크불티	1,267	1,309.6	고성 959명 속초 172명	35.6

발생	종료	장소	발생원인	피해면적	피해액	이재민 수	최대풍속
2019-04-04 23:46	2019-04-05 16:54	강릉시 옥계면 남양리	신당전기초 합선	1,260	1,094.9	강릉 128명 동해 30명	18.4
2020-05-01 20:10	2020-05-02 09:00	고성군 토성면 도원리	화목보일러 불티비화	123	37.1	2명	26.0
2022-03-04 11:17	2022-03-13 09:00	삼척시 원덕읍	담뱃불 추정 (울진 북상)	2,162	79.3	2명 1세대	15.8
2022-03-05 01:08	2022-03-08 19:00	강릉시 옥계면 남양리	방화	4,190	2,136	강릉 6명 동해 112명	16.3
2022-03-04 12:45	2022-03-08 10:00	영월군 김삿갓 외룡리	화목난로 발씨	184	89.9	34명 23세대	14.5
2022-04-10 15:40	2022-04-12 09:00	양구군 양구읍 송청리	쓰레기소각	716	283.3	50명 19세대	8.4
2023-04-11 08:30	203-04-11 16:30	강릉시 난곡동	수목전도 전선단락	121	111.6	551명 274세대	28.6

※ 피해액은 산불발생 및 피해보고로 산출한 금액(특별재난지역 복구계획서의 피해액과 다름)

3장.
숲이란 일터를 잃은 마을

4장.
사분오열된 마을

5장.
소외되는 사람들

6장.
재난 이후의 재난

1장.

그리운
나의 집

새집이 불편한 이유

'설악산을 등에 지고 동해 바다를 가슴에 안아 인심이 넉넉한 곳'

'영랑호에 인접해 녹음이 울창한 마을'

500년 역사를 자랑하는 속초 장사동 장천마을은 이런 곳이었다. 관광도시로 탈바꿈한 속초 일대에서 드물게 농촌의 원형을 간직한 마을이다. 설악산과 울산바위가 펼쳐져 있고 장천천이 흐른다. 고성군 원암리로 넘어가는 노루목 고개에 있다 해서 '노루 장(獐)' 자를 썼는데 조선 후기 갑오년(1894년)에 엄석모 선생이 진사에 합격한 것을 계기로 '글 장(章)' 자로 바꿨다. 장천마을은 조선 후기부터 지어진 기와집들이 많은 한옥촌이었고 유교적인 전통을 지

산불은 마을을 어떻게 바꿨나

키려고 노력했다. 벼와 콩, 옥수수 등을 주로 재배했고 '지나가는 이웃과 여행객들을 위해 주민들이 마을 어귀에 옥수수를 심어놓는다'고 할 정도로 인심이 후하기로도 유명했다. 마을에 대한 주민들의 자랑스러움은 2009년 4월 21일 자 『강원일보』 13면에 소개됐다.

> "속초에서 몇 안 되는 씨족마을로 주민 대부분이 토박이여서 결속력 하나만큼은 자랑할 만합니다"
>
> 엄기호 노인회장

> "이웃 간 정이 돈독하고 문을 한 번도 잠가 보지 않았을 정도로 주민 모두가 한 가족처럼 느껴집니다"
>
> 정규복 씨

토박이들이 많은 마을의 인구학적 특성은 지금도 마찬가지였다. 2024년 기준으로 마을 내 56세대 중 약 90%는 2대 이상 장천마을에서 살고 있었다.

45가구 중 절반인 23채가 불타 … 마을 전체가 소멸위기

∴ 속초 장천마을의 산불 피해가 소개된 기사

500년을 이어온 장천마을의 문화는 2019년 4월 4일 이후로 송
두리째 바뀌었다. 고성·속초 일대를 휩쓴 초대형 산불로 마을 주
택의 절반이 전소된 것이 발단이었다. 『강원일보』 2019년 4월 8일
자 5면 기사에는 당시 초토화된 마을의 절망감이 고스란히 담겼다.

> "산불로 쑥대밭이 된 속초시 장사동 장천마을이 소멸 위기
> 에 놓였다.
> 가뜩이나 소득이 낮은 고령 농촌 마을에 엎친 데 덮친 격으
> 로 산불 피해까지 입어 재기의 희망마저 품지 못하고 있기
> 때문이다. 주민들에 따르면 원주민 45가구 가운데 산불로
> 주택 23채가 전소되고 나머지 가옥들도 크고 작은 피해로
> 신축에 가까운 비용을 들여야 할 형편이지만 자부담으로

38　　　　　　　　　　　　　　　　산불은 마을을 어떻게 바꿨나

집을 지을 능력이 되는 가구는 손에 꼽을 정도다"

「강원일보」2019년 4월 8일 자 5면 기사

장천마을은 2019년 동해안 대형 산불로 속초시내에서 유일하게 마을 단위로 피해를 입은 곳이었다. 대통령, 국무총리가 잇따라 방문했고 이재민들을 위로하며 복구 지원을 약속했다. 산불이 발생하고 4년이 지난 마을은 어떻게 변했을까? 2023년 7월 7일 장천마을을 둘러싼 산은 휑했다. 불에 탄 나무들을 베어내고 심어진 어린나무들이 있었다. 드문드문 남은 키가 큰 소나무들이 산불 이전의 숲을 짐작하게 할 뿐이었다. 마을 곳곳에는 새로 지어진 깔끔하고 세련된 주택들이 보였다. 골목길도 여느 시골과는 달리 잘 정비돼 있었다. 이 골목길 위로 전동차를 타고 논으로 일하러 나가는 한 70대 여성을 만났다. 장천마을로 시집와 50년째 살고 있는 김선환(73) 씨였다. 김 씨는 산불로 집이 전소돼 새로 지었다. 새집은 벽돌로 외벽이 장식되고 한가운데 유리창이 나 있는 깔끔한 단층 주택이었다. 하지만 김 씨는 단호하게 말했다. "집이 예뻐 보이지가 않아…. 예전 집이 훨씬 더 좋았고 그리워"

그의 남편 박만호(76) 씨도 새집을 '겉보기에는 좋아 보이지만 속은 텅텅 빈 집'이라거나 '은행에서 도장 찍어서 받은 집'이라고 말했다. 더 이상 산불 얘기는 하기 싫다며 인터뷰를 수차례 거절했던 박 씨는 어렵게 응하며 자리에 앉자마자 이렇게 말했다. "지금도 화가 치밀어 오릅니다" 2019년 4월 4일 산불로 인해 친척 집으로 대피하고 돌아온 다음 날, 박만호 씨의 주택은 검은 재만 가득했다. 노부부는 부엌에 놋 제기를 보관하고 있었는데 이마저도 흔적 없이 사라졌다. 박 씨의 표현대로 무쇠 가마솥까지 '참 살뜰하게도 탄 상태'였다. 당시 중고등학생인 손자, 손녀와 함께 살고 있었다. 임시조립주택 2동을 받아 살다가 박 씨는 주택을 새로 짓기로 어렵게 마음먹었고 2022년 8월 입주했다. 건축비용은 평당 650만 원 정도였다. 집을 짓는 데 4억여 원 들었다. 박 씨는 정확한 대출 금액은 터놓지 않았다. 다만 은행 빚을 갚는 데 매년 들어가는 비용이 1,000만 원 이상이라고 말했다.

이 빚은 노부부의 마음을 불편하게 했다. 산불이 나지 않았으면 받지도 않았을 수억 원의 은행 대출로 인해 '70대 나이에 벼농사를 지어 번 돈으로 갚아 나갈 수 있을까'란 불안감, '진짜 내 집이 맞는가'란 의구심이 하루에도 몇 번씩 들었다. 스트레스가 많을 수밖에 없었다. 박만호 씨는 "친구들과 술 한잔 먹기도 부담스러운 처지가 됐다"고 말했다. 어쩌다 술 한잔 얻어 마셔도 다음에는 내가 사야 하는데 그럴 수 없으니 만나기도 조심스러워졌다는 것이었다. "내가 신고한 피해 금액의 60%만 받아도 억울한데 한국전력공사(산불 원인 제공자)가 선정한 감정평가사가 인정한 피해 금액의 60%만 인정받았으니 죽을 때까지 억울할 일이죠"

산불은 마을을 어떻게 바꿨나

그렇다면 벼농사를 짓는 70대 노인에게 1,000만 원은 어떤 의미일까. 2019년 산불 발생 당시 통장을 맡았던 어두훈(66) 씨는 "우리 마을에서 벼를 많이 재배하는 집이 1만 6,528㎡(5,000평) 정도 짓는데 그래 봐야 연 소득이 2,000만~3,000만 원 정도"라고 말했다. 고령의 노인이 1년 내내 농사를 지어 번 소득의 절반 이상을 차지한다는 의미였다. 산불이 나지 않았더라면 대출 갚기가 아니라 다른 용도로 쓰였을 돈이었다.

∴ 고성 산불로 주택이 전소된 박만호 씨

누구나 '새집'이란 말을 들으면 설렘을 느낀다. 깨끗하고 세련된 집에서 새로운 추억을 만들어갈 미래를 떠올리기 때문이다. 산불 이재민들도 새집을 짓지만 이 집은 맥락이 전혀 다른 공간이다. 옛 추억과의 생이별, 막대한 빚을 지고 살아가야 하는 막막함, 모든 피해를 보상받을 길 없는 억울함이 가득한 공간이다. 주택이 전소된 장천마을의 23가구는 박 씨와 모두 비슷한 사정이었다. 마을의 세대 주 대부분은 70대 이상이었다. 각 가구마다 대대로 물려받은 땅은 있었지만 매매 대상이 아니었다. 부모 세대에게 물려받은 땅인 만큼 본인도 자식 세대에게 물려줘야 한다는 게 공통된 생각이었다. 어두훈 전 통장은 이렇게 설명했다. "집을 짓는 데 모두 3억 원 이상은 들었는데 정부가 준 재난지원금과 국민 성금으로는 턱없이 부족했죠. 시골 노인들이 현금을 수천만 원씩 쌓아놓고 사는 것도 아니고…. 거의 모두 빚을 졌다고 보면 돼요. 아무리 그래도 이 마을에서 대대로 물려받은 땅을 팔아서 은행 빚을 갚는다는 생각을 하는 사람은 아마 없을걸요"

장천마을은 2019년 산불 이후 많은 변화를 겪었다. 예전에도 산불은 종종 났지만 주택까지 불에 탄 것은 2019년이 처음이었다. 수 대째 함께 사는 토박이들이 많아 결속력과 유대감이 강했지만 산불은 마을을 갈라놓았다. 산불 피해를 입은 가구와 그렇지 않은 가구로 나뉘었고 피해 정도에 따라 전파, 반파, 소파로 나뉘었다. 보상금도 제각각이었다. 표면적으로 드러난 갈등은 없었어도 주민들 사이에 '미묘한 분위기'는 있었다. 피해 규모, 보상액을 두고 말이 오갔고 형제·자매처럼 지낸 주민들에게는 상처를 남겼다. 산불 피해와 복구는 흉금을 터놓고 이야기하기 어려운 일이었다.

장천마을에서 13대째 사는 어두훈 전 통장이 안타깝게 생각하는 것은 또 있었다. "산불이 발생한 이후 '장천마을다움'이 사라졌어요. 예전에는 이웃이 오가는 게 보이면 '술 한잔하고 가라'거나 '추어탕을 끓였는데 먹고 가라'고 붙잡았지만 이제 이런 풍경은 사라졌습니다. 산불 나기 이전에 있던 옛날 집들은 담도 없고 대문도 열어놓고 마당도 수시로 드나들며 왕래했는데 이런 문화가 사라졌어요. 새로 지은 집들은 사람이 오가는 걸 보기 힘든 구조잖아요"

주거 및 마을 공간이 바뀌며 이웃 간에도 보이지 않는 벽이 생겼다. 주택 복구 비용으로 얼마를 받아 어떻게 썼는지 등은 특히 서로 말조심을 하는 부분이었다. 장천마을 주민들은 "재산과 관련된 민감한 내용이어서 서로 쉽게 터놓지 못한다. 다만 곁에서 보며 생활이 힘들구나, 짐작만 할 뿐"이라고 말했다. 마을의 공간뿐만 아니라 주민들의 마음에도 넘기 힘든 담이 생겼다.

※ 산불 이후 4년이 지난 속초 장천마을. 드문드문 새로 지은 주택이 보인다.

황혼에 깃든 불안

강원특별자치도 고성군의 최남단에 있으면서 속초시에 인접한 토성면. 미시령을 통해 인제군과도 가까운 이곳은 일성 설악콘도, 델피노리조트, 켄싱턴리조트 설악밸리와 강원도 세계잼버리수련장이 있다. 대규모 휴양시설이 몰려 있다는 점에서 알 수 있듯이 자연경관이 매우 아름다운 곳이다. 관동팔경인 청간정과 울산바위가 있는 마을이다. 2019년 고성 산불은 이 마을에서 시작됐다. 그해 4월 4일 토성면 원암리의 한 전신주 개폐기(전기를 차단하거나 연결할 때 쓰는 일종의 스위치) 전선에서 불꽃이 튀면서 발생했다. 축구장 1,765개 규모인 산림 1,260㏊ 면적이 불에 탔다. 이재민 수는 고성에서 959명, 속초에서 172명씩 발생했는

산불은 마을을 어떻게 바꿨나

데 고성의 이재민은 모두 토성면에 거주하고 있었다. 5년 가까이 지났지만 주민들의 고통은 곳곳에 남아 있었다.

2023년 7월 7일 토성면 봉포해변 인근 넓은골 마을에는 이재민들이 거주하는 임시조립주택이 드문드문 보였다. 그 중 독특한 1채가 눈에 들어왔다. 건물 앞에 데크가 설치돼 있고 지붕은 태양광 패널로 덮여 있었다. 마당에는 잔디와 나리꽃, 각종 과실나무들이 심어져 있었다. 작은 공간이지만 정성이 느껴졌다. 임시가 아니라 앞으로 수년은 더 살아갈 공간처럼 보였다. 이곳은 2019년 산불로 노후를 보낼 주거 공간을 잃은 왕주현(78, 가명) 씨의 임시조립주택이었다. 대기업에 근무했던 그는 10여 년 전 고성 토성면 봉포리에 396㎡(120평) 면적의 땅을 사고 귀촌을 준비했다. 경기도에 있는 아파트는 아들이 머물게 하고 본인은 고성에서 노후를 보낼 계획이었다. 지난 10여 년간 주말마다 고성으로 내려와 집을 가꿨다. 크고 작은 나무를 100여 그루나 심었고 진공관 등을 두고 여가 생활도 즐겼다. 10여 년간 고성 집은 왕 씨에게는 힐링 공간이었다. 2019년 4월 4일 산불이 나기 전까지는 말이다.

∴ 고성군 토성면 봉포리 왕주현(가명) 씨의 임시조립주택

산불이 시작된 날 저녁, 전국에 있는 친구들로부터 전화가 왔다. 그는 "별일 없을 거야"라고 안심 시켰지만 곧 시뻘건 불길이 올라오는 것이 보였다. 수돗물을 뿌리며 집을 지키고 있는데 빨리 나오라는 소방관의 다급한 목소리가 들렸다. 교통이 통제돼 며칠이 지나서야 돌아온 집은 잿더미로 변해 있었다. 월남전에 참전했던 왕 씨는 전쟁과 산불을 이렇게 비교했다. "젊어서 치른 월남전은 추억이라도 있지 산불은 추억도 없어요. 오히려 모두 빼앗아 갔죠" 왕 씨의 수입원은 임시조립주택 지붕에 설치된 태양광 시설이다. 이를 통해서 매월 20만~30만 원씩 얻고 있다. 임시조립주택에서 보내는 일상은 여름보다 겨울철이 더 힘들다. 보일러를 돌

산불은 마을을 어떻게 바꿨나

리면 나오는 전기료가 월 30만~40만 원 정도인데 부담이 돼서 전기장판을 깔아놓고 지냈다. 24㎡(7평) 임시조립주택에 아내와 함께 살았고 명절에는 자녀 가족들까지 다 함께 모일 수가 없어 펜션을 이용했다.

임시조립주택 거주 기간은 공식적으로는 2년이다. 하지만 왕 씨처럼 소득원이 없는 고령층은 집을 다시 짓는 것이 어렵다. 은퇴한 왕 씨에게 은행 대출은 '그림의 떡'이었다. "나 같은 70대 노인에게 누가 돈을 빌려주겠어요. 설령 수억 원씩 대출을 받아도 어떻게 갚겠어요. 자식들에게 부담 지우기도 싫고 군청에 연기 신청을 몇 번 하고 지금까지 살고 있습니다" 왕 씨처럼 5년째 임시조립주택에 거주 중인 이재민들이 있었는데 고성군도 이들의 연장 신청을 받아들이고 있다. 고령층들이 옮길 주거 공간이 딱히 없다는 것을 알고 있기 때문이다. 한국전력공사와 정부 간의 구상권 소송이 아직 마무리되지 않은 것도 또 다른 이유였다. 고성군이 차선책으로 추진한 것은 이재민들이 임시조립주택을 매입하는 안이다. 매입 비용은 700만 원 정도. 하지만 군청 관계자는 이재민들의 현실을 잘 알고 있었다. "당장 생활비가 급한 고령층 이재민들에게는 700만 원도 큰돈이에요. 매입을 부담스러워 합니다"

강원도에 따르면 2019년 동해안 산불로 피해를 입은 이재민 가운데 임시조립주택을 제공받은 세대는 고성군 일대에 240세대(551명), 속초 8세대(15명), 동해 4세대(15명), 강릉 7세대(15명) 등이었다. 이 가운데 5년이 지난 2023년 상반기까지 임시조립주택 생활을 벗어나지 못한 이들은 고성군 토성면 일대 20세대(47명)였다. 미복귀 세대들은 대부분 고령층이었다. 2019년 산불로 전소된 주택은 370동이었고 이 중 71%(264동)만 2023년 4월까지 복구가 완료됐다. 그해 연말까지 공사 완료 예정인 세대를 제외하면 나머지 14%(53동)는 복구를 포기했다. 복구를 포기한 세대주 대부분은 고령층으로 월세, 친척 집 등으로 옮겨 거주 중이었다. 고령층 이재민들이 주택 복구를 포기하는 사례는 반복되고 있다.

2022년 3월 발생한 동해안 산불로 집이 전소되고 임시조립주택에 거주 중인 동해시 금단길의 지영순(72) 씨는 2년이 지나도록 주택 복구 계획은 세우지 못한 상태였다. 산불로 전소된 지 씨의 집은 3대의 추억이 담긴 공간이었다. 시부모님이 지은 집이었고 손녀들이 이 방 저 방 넘나들며 노는 것을 바라보며 기쁨을 느꼈다. 그가 스마트폰으로 보여준 예전 집은 방만 5개인 넉넉한 공간이었다. 산불이 집에 옮겨붙던 날에 지 씨는 긴급 대피했고 그의 아들이 전소 과정을 모두 지켜보았다. 지 씨가 임시대피소(코레일 망상연수원)에 머물고 있을 때 아들은 불에 탄 집을 보는 것을 한사코 말렸다. 지 씨가 "그래도 가겠다"고 하자 아들은 우황청심환을 건넸다. 잿더미가 된 집을 본 순간 지 씨는 다리에 힘이 풀려 주저앉은 채로 눈물을 쏟았다. 40대 아들도 트라우마를 심하게 겪었다. "시댁 식구들한테 미안했어요. 물론 저를 많이 걱정해 주셨지만….

물려받은 집을 지키지 못했다는 죄책감을 느꼈습니다. 임시조립 주택은 7평인데 어린 손녀 2명이 오면 한 방에서 다 같이 자기도 힘들어요"

지 씨는 소득원이 없는 상황에서 대출을 내면 자식들이 고스란히 부담을 떠안을까 봐 주택 복구를 주저했다. 그는 "앞으로 어디로 가야 할지 막막하고 야속합니다"라고 말했다. 2022년을 기점으로 건축비는 급등해서 평당 800만 원대를 오가는 실정이었다. 당시 지 씨가 머물던 임시대피소에는 고위 관료, 정치인들이 오가며 위로의 말을 건넸다. 하지만 '구체성이 없는 말'은 가슴에 와닿지 않았다. 지 씨는 당시 상황을 떠올리며 이렇게 말했다. "재난지원금이 전파는 1,600만 원, 반파는 800만 원씩 나왔습니다. 이재민들은 이 돈으로 당장 월세는 구할 수 있을지, 앞으로 생활은 어떻게 할지 걱정이 태산이었어요. 그런데 정치인들은 '잘 챙겨보겠다'는 뻔한 말만 하고 가더라고요. 위로가 하나도 안 됐어요. 물론 법이 바뀌고 제도가 바뀌어야 하기 때문에 함부로 약속을 못 하는 것은 이해합니다. 아무리 그래도 당장 먹고

∴ 2022년 산불로 주택이 전소된 동해 지영순 씨

사는 게 문제인 사람들 앞에서 너무 한 것 아닌가요"

흔히 산불 이재민들에게 지원되는 예산을 복구비라고 부른다. 하지만 산불 같은 사회 재난은 복구비가 아니라 생활안정지원 명목으로 예산이 지원된다. 국토교통부의 「자연 재난 복구 비용 산정 기준 및 사회 재난 생활안정지원 항목별 단가」 고시에는 체계가 나와 있다. 자연 재난은 '주택 복구' 항목으로 '유실 및 전파−반파−소파−주택 침수'별로 단가가 정해져 있다. 하지만 사회 재난은 '주거비' 항목으로 '유실 및 전파−반파'만 단가가 나와 있다. 강원도에 따르면 2019년 고성 산불 발생 당시 주택 전파 피해자에게 지원되는 주거비는 1,300만 원이었다. 너무 적다는 여론이 많아지며 지역지원금 명목으로 2,000만 원이 추가됐다. 이렇게 3,300만 원씩 지원됐다. 2022년 동해안 산불 당시에는 조금 올랐다. 주거비 1,600만 원에 지역지원금 2,200만 원이 추가돼 3,800만 원씩 지원됐다. 2023년 강릉 경포 산불 당시에는 지역지원금 없이 주거비 명목으로 4,000만 원씩 지원됐다. 체계가 조금씩 개선된 것이다. 주거비 외에 산불 주택 피해자들에게 지원되는 것은 국민 성금이다. 전국재해구호협회, 사회복지공동모금회, 대한적십자사가 모금을 맡는다. 강원도는 2023년 강릉 경포 산불의 경우 약 271억 원이 모아진 것으로 파악하고 있었다. 담당 실무자는 "정확한 액수는 도청에도 공유가 안 된다"고 말했다. 성금은 1

산불은 마을을 어떻게 바꿨나

차(6월경)로 193억 원이 지급됐고 추석 위로금 성격으로 2차(9~10월)에 44억 원, 나머지 3차(10~11월)는 34억 원이 집행됐다. 주택 전파(35평 이상) 피해자에게 지급된 성금은 1, 2차에 걸쳐 모두 1억 1,000만 원 정도이고 반파 피해 이재민은 5,500만 원 정도였다. 이 성금 지급액은 2019년, 2022년과 비교해 크게 달라지지 않았다. 산불별로 차등을 두면 사회적으로 혼란과 논란을 초래할 수 있다는 이유 때문이었다. 지원금액이 오르기는 했지만 건축비 상승폭은 훨씬 컸다. 2019년만 해도 평당 건축비는 300만~400만 원 정도였는데 2023년에는 800만 원까지 올랐다. 이재민들이 주거비와 성금 전액을 주택 복구비로 쓰는 것도 아니었다. 당장 먹고 사는 데 필요한 생활자금도 필요했다. 결국 이재민들이 주택을 새로 짓는 데 필요한 돈의 상당액은 대출에 의존할 수밖에 없는 것이 현실이다. 각자도생(各自圖生)인 셈이다.

좁은 도로 위
옛날 집

대관령 동쪽 관동(關東)의 명승지로 꼽히는 강릉 경포(鏡浦). 거울같이 맑다는 의미의 경포호 주변에는 경포대(강원특별자치도 유형문화재 제6호), 해운정(보물 제183호), 경호정, 금란정, 방해정, 호해정, 석란정, 창랑정, 취영정, 상영정 등 여러 정자와 누각이 있다. 옛 선비들은 이곳에 모여 시문을 읊조리며 강릉 고유의 누정 문화를 만들었다. 경포는 명실상부한 강릉 문화와 경제의 중심지다. 경포호와 경포해변 인근에는 오죽헌, 선교장 등 명승지와 2018 평창동계올림픽에 맞춰 건립된 대규모 숙박 시설도 모여 있다. 이 일대는 1982년 경포도립공원으로 지정됐고 개발이 제한되고 있다. 경포는 송림지대로도 유명했다. 총면적 23㎢ 중 농경지

산불은 마을을 어떻게 바꿨나

7.4km², 임야 11.2km²여서 임야가 절반을 차지하고 있었다.

호수, 바다와 어우러진 아름다운 소나무 숲은 2023년 4월 11일 이후 볼 수 없게 됐다. 이날 오후에 비가 내리면서 산불은 8시간 만에 꺼졌지만 이미 돌이킬 수 없을 만큼 피해를 입은 후였다. 강릉시에 따르면 대형 산불로 피해를 입은 산림 면적은 120.69ha였고 이 중 소생 가능한 면적은 16.01ha에 불과했다. 나머지 104.68ha 면적의 소나무는 벌채됐다. 축구장 147개 면적에 있던 아름드리 소나무가 산불로 사라진 것이다. 경포 일대 주민들은 "소나무 숲에 가려 보이지 않았던 호텔 건물이 훤히 보이게 됐다"며 씁쓸해했다.

∴ 2023년 12월 경포 일대. 산불 피해목이 벌채돼 있다.

국립과학수사연구원이 결론 내린 강릉 산불의 원인은 '강풍에 쓰러진 소나무에 의한 전선 단선'이었다. 주민 1명이 사망하고 이재민은 274세대 551명 발생했다. 115세대는 임시조립주택, 77세대는 임대주택에 입주해 거주 중이다. 주택 피해가 컸던 원인은 무엇일까. 산불이 발생하고 5개월이 지난 2023년 9월 7일 강릉시 안현동의 한 마을을 방문했다. 80대 사망자가 나온 곳이었다. 벼가 무르익어가는 논 사이로 승용차 한 대가 간신히 지나갈 만큼 폭이 좁은 도로가 나 있었다. 이재민들이 거주하는 임시조립주택 곳곳에 보였다. 불에 탄 펜션이 철거되고 빈 땅만 남아 잡초만 무성하게 자란 곳도 있었다.

곽금자(80) 씨도 임시조립주택에 거주 중이었다. 경포에 시집와서 줄곧 살던 집이 불에 타 사라졌다. 산불이 나던 날 아침, 그가 들고 나온 것은 핸드폰이 전부였다. 곽 씨는 자신이 살던 집을 "지은 지 수십 년 된 슬레이트 지붕에 양철을 얹은 집"으로 설명하며 이렇게 덧붙였다. "이 동네에 이런 옛날 집들이 많았어요"

곽 씨의 임시조립주택은 폭이 2m 남짓한 도로를 따라 올라가니 보였다. 소방차가 진입하기 어려운 좁은 도로였다. 임시조립주택 앞마당은 자갈이 깔려 있지 않아 흙먼지가 날렸다. 이재민이 직접 자갈을 구해야 하는데 곽 씨는 아직 그러지 못했다. 그의 집으로부터 불과 몇 발자국 떨어진 위치에는 콘크리트로 지어진 신축 전원주택들이 보였다. 바로 옆집 터에도 임시조립주택이 있었는데 곽 씨는 "우리 집처럼 '옛날 집'이었다"고 말했다. 화재에 취약한 구조로 지어진 집들은 산불로 전소되는 확률도 높았다.

∴ 곽금자 씨의 임시조립주택 인근 골목길

강원특별자치도 소방본부가 강릉 산불로 피해를 입은 주택의 일부(131개소)를 조사한 결과 화재에 취약한 소재인 목구조, 경량철골조, 샌드위치 판넬로 지어진 집 44개소 가운데 89%가 전소됐다. 벽돌로 지어진 집 72개소 중에서는 60%가 전소됐다. 내화재인 철근 콘트리트로 지어진 집 15개소 중에서는 40%만 전소됐다. 화재에 취약한 주택은 따로 있었다. 산불로 전소된 목구조 주택 중에는 1930년대에 지어진 건물도 있었다. 곽 씨처럼 폭이 좁은 도로 옆 옛날 집에 거주하는 이재민들은 주택 복구도 어려운 실정이었다. 「건축법」(제2조 1항 11호)에 따르면 '도로'는 보행과 자동차 통행이 가능한 너비 4m 이상으로 명시돼 있다. 도로 너비가 4m는 확보가 돼야 지자체로부터 건축 허가를 받을 수 있다. 곽 씨의 경우 주택 진입로를 넓히기 위해서는 사유지 주인들의 동의를 얻어야 했다. 이런 동의 절차와 비용 부담은 온전히 건축주의 몫이었다. 곽 씨는 엄두도 못

냈다. "재난지원금, 성금 등 모아서 주택 비용은 마련해도 도로 넓히는 일을 내가 어떻게 감당하겠어요. 시청에서 하는 일인 줄 알고 있었는데…"

폭이 4m가 안 되는 도로는 소방차 진입이 어려워 재난에 취약할 수밖에 없다. 강릉 산불로 주택이 전소된 곳의 도로는 대부분 비좁았다. 안현동에서 반평생을 살아온 곽 씨는 산불 확산 원인을 하나 더 꼽았다. "큰 소나무 아래 작은 나무, 덤불이 너무 많아요. 예전에는 땔감으로 베어가면서 자연스럽게 없어졌는데 요사이는 고스란히 쌓여서 불쏘시개가 됐으니…" 경포는 여름철이면 상습적으로 침수되는 지역이기도 하다. 마을은 물과 불 재난에 모두 취약했다.

강원도 지자체들은 이재민들의 주택 복구비 부담을 덜기 위해 농림축산식품부의 '농촌주택개량사업'을 활용했다. 이재민을 위한 주택 복구 지원 프로그램은 따로 없었기 때문이다. 농촌주택개량사업은 농어촌 노후 및 불량 주택 개량이나 귀농 · 귀촌인 주택 마련, 외국인 근로자 숙소 마련을 위한 주택 자금 융자를 지원하는 사업이다. 신축은 2억 원, 증축이나 대수선은 1억 원 한도 내에서 2% 고정 금리로 대출(1년 거치 19년 분할 또는 3년 거치 17년 분할 상환)을 지원받을 수 있다. 2019년 고성 산불 이재민들은 이 조건에 따라 대출을 지원받았다.

강원도는 2023년에는 강릉 산불 이재민들이 조금 더 지원을 받

산불은 마을을 어떻게 바꿨나

도록 농식품부에 시행 지침 개정을 건의했다. 산불 특별재난지역의 이재민들에 한해서는 대출 한도를 2억 원에서 3억 원으로 확대하고 대출 금리도 기존 2%에서 1.5%로 인하해 달라는 안이었다. 농식품부는 강원도의 건의를 받아들였다. 그럼에도 불구하고 고령 이재민들은 선뜻 복구 작업에 나서지 못했다. 2023년 강릉 산불로 피해를 입은 건축물은 204동이었고 이 중 주택(펜션은 제외)은 112동이었다. 모두 농촌주택개량사업 지원 대상에 포함됐다. 하지만 2024년 1월까지 농촌주택개량사업 지원을 신청한 이재민은 35명 정도에 그쳤다. 고령의 이재민들은 건축비 상승으로 늘어난 복구 비용 마련을 여전히 부담스러워했다. 강원도는 농식품부에 2024년에도 시행 지침을 개정해 달라고 요구했고 2025년에도 지침 개정을 요구해야 하는 상황까지 염두에 두고 있었다. 고령층 이재민들이 주택을 복구하는 여건은 이렇게 녹록지 않았다.

이산가족

엎친 데 덮친 격일까. 경포 산불이 발생한 2023년 여름, 동해안은 기록적인 폭염이 발생했다. 낮 최고기온이 38도까지 올랐다. 기상 관측이 시작된 지 112년 만에 역대 두 번째로 높은 기온이었다. 열대야가 열흘 넘게 이어져 주민들은 밤잠을 설쳤다. 봄철 산불로 집이 불에 타고 임시조립주택에 입주한 115세대에게 폭염은 2차 재난이었다. 쨍쨍하게 내리쬐는 햇살 아래 24㎡(7평) 규모의 임시조립주택을 보면 폭염이 곧 재난인 이유를 알 수 있다. 7평 남짓한 건물 외부에는 그늘이나 차양막 하나 없었다. 건물 구조 자체가 폭염에 무방비로 노출돼 있다. 이재민 최영주(41) 씨는 "출입문이 뜨겁게 달궈져 문턱을 밟으면 데일 정도였다"고 말했다.

∴ 2023년 산불 피해를 입은 강릉 안현동 일대. 소나무 숲은 사라졌고
임시조립주택은 직사광선에 노출돼 있다.

　폭염은 고령자들에게 더 가혹했다. 노후 주택이 불에 타고 임시
조립주택에 입주한 고령층 이재민들은 집이 사라진 현실을 다시
한번 느낀 여름이었다. 강릉의 낮 최고기온이 33.2도까지 올랐던
2023년 8월 11일. 라카이 샌드파인 골프장 인근 저동등길의 한
임시조립주택에 이춘자(84) 씨가 홀로 거주 중이었다. 그의 임시
조립주택은 하루 종일 해가 내리쬐는 곳에 있었다. 나무들이 불에
타 주변에는 그늘도 없었다. 해가 저물어 가기 시작할 무렵이었던
오후 6시에도 이 씨는 여전히 임시조립주택에 들어가지 못하고 밖
에서 산책 중이었다. 이 씨는 "안에 한번 들어가 보라"고 권했다.
출입문에서 실내로 고개를 내밀어 보니 후끈한 열기가 느껴졌다.

그는 여름의 일상을 말하며 걱정했다. "올여름 내내 낮에 집에 있지도 못했어. 아침이면 밖에 나와 그늘 밑에 있다가 저녁이 돼야 들어갔지. 여름은 이런데 겨울은 또 얼마나 추울지…"

임시조립주택에 2명이 거주하는 세대들도 폭염은 견디기 힘들었다. 70대 노모와 함께 임시조립주택에 거주하는 남영석(51) 씨는 어머니를 안쓰러워했다. "시골집 대청마루에 익숙했던 어머니가 임시조립주택에 적응하기 매우 어려워하세요. 저는 더위를 많이 타지 않는 편인데도 이번 여름은 에어컨, 선풍기를 켜놓지 않으면 버티기 힘드네요" 남 씨의 어머니는 산불 발생 당시에도 트라우마가 심각했다. 60년간 살았던 집에서 사진 한 장 건지지 못하고 나와 상심이 컸고 5월 초에는 결국 쓰러져 중환자실에서 3일 만에 퇴원했다. 이런 충격을 넘기기에는 여름철 임시조립주택의 삶은 고단했다.

7평 임시조립주택에 3명이 거주하는 세대도 있었다. 이들은 폭염 속에 아예 '이산가족'이 됐다. 산불로 노후를 보낼 집이 전소된 김남민(61, 가명) 씨가 그랬다. 그는 임시조립주택 실내 사진을 보내주며 말했다. "한번 보세요. 성인 3명이 살 수 있는 공간인지" 필수 가전제품과 컴퓨터 책상을 두면 식탁 하나 놓을 공간도 없었다. 1명이 살면 충분해 보였다. 부부와 20대 아들이 7평 공간에 함께 생활하는 것은 도저히 불가능했다. 결국 임시조립주택에는 아들만 거주하고 김 씨 부부는 홍천 사업장의 임시 주거 공간에서 머물며 주말마다 강릉을 오갔다.

산불은 마을을 어떻게 바꿨나

강릉시에 따르면 경포 산불로 설치된 임시조립주택 115동 중 세대원이 3명인 임시조립주택은 23동(20%)이었다. 지난 2022년 산불 피해지인 동해시에서도 임시조립주택 21동 중 1동에 세대원이 3명 살고 있다. 이는 규정에 따른 결과다. 정부의 임시 주거용 조립주택 운영 지침상 세대원이 4명 이상일 경우에만 조립주택이 1동이 추가로 지원된다. 원룸만 한 공간에서 최대 3명이 살아야 했다. 2023년 강원특별자치도 국정감사에서도 임시조립주택에 최대 3명이 거주해야 하는 문제는 도마 위에 올랐다. 더불어민주당 최기상(서울 금천구) 의원은 "새만금 잼버리 사태 당시 외국인은 쾌적한 숙소에 거주했는데 왜 우리 국민은 재해 발생 시 강당에 텐트를 치고 임시조립주택에 가느냐"고 지적했다. 행안부와 논의해 지침을 개정할 것도 주문했다.

∴ 강릉 산불 이재민 김남민(가명) 씨의 임시조립주택 내부

임시조립주택에 거주하는 이재민들은 냉난방을 위한 전기료 부담도 컸다. 그나마 강릉 산불 이재민들에게는 전기료가 지원됐지만 2019년 고성 산불, 2022년 동해안 산불 피해 이재민들은 자부담이었다. 여전히 컨테이너에서 생활하는 50세대는 '전기료 폭탄'이 두려워 에어컨도 제대로 켜지 못했다. 1인당 국민 소득은 3만 달러가 넘었지만 이재민 지원 정책은 달라지지 않았다. 정부 지원은 이재민의 생활 안정, 생계유지에 필요한 최소한에 맞춰져 있었다. 나머지 온전히 이재민의 몫이었다.

막을 수 없는 추위

하얀 울타리 안으로 정원이 있는 목조 주택. 12년 전 최영주(44) 씨 부부가 첫째 딸을 임신하고 입주한 강릉 저동 골길의 집이었다. 이곳에서 큰딸(12)과 둘째 딸(8)이 태어났다. 2층짜리 집이어서 공간도 제법 넓었다. 아이들 장난감을 따로 모아둔 방도 있었다. 4월 19일은 첫째 딸, 4월 25일은 둘째 딸의 생일이다. 최 씨는 2023년 4월 초 둘째 딸의 생일을 앞두고 유치원에서 열릴 파티를 준비했다. 딸이 입을 공주 드레스 몇 벌, 친구들에게 돌릴 선물까지 준비해 놓고 있었다. 하지만 이 모든 것은 4월 11일 산불로 잿더미가 돼버렸다. 최 씨가 대피하고 돌아왔을 때 집터에는 콘크리트만 덩그러니 남아 있었다.

세대원이 4명인 최 씨 가족은 임시조립주택을 2동 받았다. 큰딸은 힘든 내색을 하지 않았지만 작은딸은 아직 마음을 감출 나이가 아니었다. "엄마! 우리 살던 집 생각나지 않아?" 슬며시 묻곤 했다. 두 딸은 인형을 좋아했고 많이 갖고 있었다. 과자를 살 때마다 모은 캐릭터들도 한가득이었지만 모두 불에 탔고 남아 있는 것은 없었다. 아이들은 소중한 장난감을 떠올리며 아쉬워했다. 임시조립주택 생활도 어린 두 딸에게는 힘든 일이었다. 여름보다 겨울이 더 혹독했다. 에어컨을 켜면 더위는 어느 정도 피할 수 있지만 겨울철 찬 공기는 아무리 애를 써도 막을 수 없었기 때문이다. 강릉의 최저 기온이 영하 11도, 낮 최고기온은 영하 3도에 그쳤던 2023년 12월 22일. 최영주 씨의 임시조립주택 바닥은 차가웠다. 전기 패널로 된 바닥에 온기가 남아 있게 이불을 깔아놓았다. 한파가 기승을 부린 며칠 전에는 전기장판을 종일 가동했다가 바닥에 눌어붙기도 했다. 벽면에는 단열재를 붙여놓았고 창문은 이불로 덮어놓았다. 출입문을 열 때마다 실내로 찬 바람이 들어와 입구에는 비닐로 만든 커튼을 쳐놓았다.

∴ 겨울철 최영주 씨의 임시조립주택 내부

산불은 마을을 어떻게 바꿨나

바로 맞은 편에 사는 김윤택(66, 가명) 씨도 마찬가지였다. 7년 전 노후를 위해 새로 지은 펜션이 산불로 전소되고 임시조립주택에 거주하는 그는 아내, 30대 아들과 떨어져 지내고 있었다. 7평 임시조립주택에 3명이 함께 살 수 없어 가족들은 시내에 따로 방을 얻었다. 혼자 거주하는 임시조립주택의 겨울은 추웠다. 김 씨도 바닥에 온기가 남아 있게 하기 위해 전기장판을 깔아놓았고 침대 주변에는 단열재를 붙여놓았다. 하지만 새벽이면 찬 공기가 심해 잠을 제대로 잘 수 없었다. 출입문에는 차양막도 없어 눈이나 비가 오는 날이면 드나들며 우산을 접거나 펼칠 때마다 어김없이 몸이 젖었다. 화장실은 추위에 무방비였다. 용변을 보려면 두꺼운 옷을 입고 들어가야 했다. 강릉시자원봉사센터는 기업으로부터 기부를 받아 이재민들에게 난방용품을 보급하기도 했다.

　　추위에 적응하려는 이재민들도 있었다. 70대 노모와 임시조립주택에 거주 중인 남영석(51) 씨도 겨울철 새벽마다 잠이 깼다. 온풍기가 예약 시간이 지나 자동으로 꺼지면 방안은 찬 공기가 가득했다. 그럼에도 불구하고 실내 온도 높이기를 주저했다. "지난달에는 출입구 쪽 온도 조절기는 아예 꺼 놓고 방에만 켜놓았는데도 전기료가 15만 원이 나왔어요. 전기료 지원이 중단되면 감당이 안 될 거 같아 추위에 적응하고 있는 중입니다" 한국전력공사 강릉지사에 따르면 이재민들에 대한 전기료 지원 기간은 1년간만 이뤄졌다. 9개월까지는 20만 원 한도 내에서 전액 면제됐고 이후 3개월은 50%만 면제됐다. 2019년, 2022년 대형 산불로 임시조립주택에 거주 중인 이재민들은 겨울철이면 전기료로 30만 원 안팎씩 부담하고 있는 실정이었다.

∴ 김윤택(가명) 씨의 겨울철 임시조립주택 내부

80~90대 이재민들이 겪는 추위는 말할 것도 없었다. 2022년 동해안 산불이 발생하고 1년이 지난 2023년 4월 22일 오후. 산불 발생 지역인 강릉 옥계면 남양2리. 당시 이 마을에서는 5가구의 주택이 전소됐다. 김옥자(93) 씨도 그중 한 명이었고 임시조립주택에서 거주 중이었다. 밖은 봄 햇살로 밝았지만 7평 임시조립주택 실내는 어둡고 침침했다. 붉은 철쭉이 핀 임시조립주택 바깥에서 김 씨는 호미를 들고 밭을 정리하고 있었다. 산불이 나고 1년이

산불은 마을을 어떻게 바꿨나

지났지만 마음의 고통은 여전했다. "속상해. 집 안에 혼자 있으면 눈물만 쏟아져 집 밖에 나와 있어…. 무서워서 잠을 못 자. 기억을 잃어버렸어. 물건을 어디 뒀는지 모르겠어. 불이 나고 몸을 못 쓰게 됐어" 김 씨는 열아홉 살 때 남양 2리에 시집와서 6남매를 키웠다. 이장에 따르면 그는 산불이 발생하기 이전에는 마을 경로당까지 수백 미터를 가뿐히 걸어 다닐 정도로 정정했다. 하지만 이제는 경로당은 커녕 집 밖에 잠시 나갈 때조차 지팡이를 지지 않으면 안 될 정도로 급격하게 기력이 쇠했다.

김 씨는 산불이 발생하던 날 밤, 이웃이 깨워 일어났다. 불길에 숨이 막히고 다리에 힘이 풀려 일어서지 못했고 이웃의 등에 업혀 대피했다. 그 충격은 그대로 몸에 남아 있었다. 이날 김 씨는 이장에게 간곡히 부탁했다. "쓰러질 거 같은데 저 나무 좀 빨리 베어줘" 집 앞에는 불에 탄 소나무가 아직 정리되지 않은 상태였고 김 씨는 이 나무가 바람에 쓰러져 주택을 덮치는 상황을 걱정하고 있었다. 고령인 김 씨에게도 여름보다 겨울이 더 혹독했다. 난방을 해도 외풍을 막을 수

∴ 강릉 옥계면의 김옥자 할머니

없기 때문이다. 그는 힘없이 말했다. "집을 다시 지을 것도 아니고, 여기서 그냥 살다 가는 거지…" 겨울이면 추위를 견디기 힘든 곳에서 '그냥 살다 가야 하는 인생'이 어쩌면 90대 어르신을 더 우울하게 만드는 것 아닐까 싶었다.

2장.

빛의 굴레

텅 빈
땅

강릉 경포 산불이 발생하고 6개월이 지난 2023년 10월 말. 저동과 안현동 일대에는 잡초만 무성하게 자란 텅 빈 땅이 곳곳에 보였다. 펜션 건물이 불에 탄 이후 새로 복구되지 않은 채 땅만 남은 곳이었다. 텅 빈 땅 한편에 임시조립주택들도 보였다. 펜션 사업자들은 대부분 농어촌민박업으로 등록하고 영업을 했고 펜션 건물에는 살림집도 있었다. 이들은 하루아침에 집도 일터도 잃어버렸다. 소득을 마련하기 위해서는 하루빨리 펜션을 지어야 할 텐데 왜 '텅 빈 땅'으로 남겨두고 있었던 것일까.

∴ 2023년 경포 산불로 불에 탄 저동의 펜션 건물들과 8개월 후 해당 부지.
건물 복구 작업이 이뤄지지 않고 텅 비어 있다.

산불로 펜션이 전소되는 피해를 입은 신동환(78, 가명) · 이정선(73,
가명) 씨 부부. 서울에서 사업을 했던 이들은 여유로운 노후를 꿈꾸
며 60대가 되던 해에 강릉으로 내려왔다. 강릉에 정착했던 초기에
는 건물, 아파트 등 자산이 꽤 있었다. 큰 수익은 내지 못했고 낡은
주택을 2009년에 매입해서 펜션업을 시작했다. 사업 초기는 물론
이고 소비자들의 취향을 따라가기 위해 정기적으로 리모델링을 했
다. 2019년에는 7개 전 객실을 리모델링 했다. 하얀색 외벽에 파
란색 대문으로 꾸며진 3층 건물, 실내는 복층으로 올라가는 계단이
있는 독특한 공간이었다. 2022년에 이곳에 머물렀던 블로거들은
"동화 속에 나올 것 같은 예쁜 펜션이에요" "경포호랑 가까워서 좋
아요" "신축 펜션인 줄 알았어요" 등의 후기를 올리기도 했다.

하지만 산불로 이 펜션은 모두 불에 탔다. 안전진단 결과 리모
델링도 불가능한 상황이었다. 펜션 건물을 철거하고 남은 것은 신

씨 부부 소유인 2,314㎡(700평) 규모의 땅뿐이었다. 2024년 2월 29일 방문한 땅 위에는 임시조립주택만 덩그러니 있었다. 신 씨 부부는 2019년 객실 리모델링을 하면서 3억 원의 대출을 받았다. 산불 피해로 정부 등에서 지원받은 주거비, 국민 성금, 화재 보험금 등은 이 빚을 갚는 데 썼다. 펜션을 새로 짓기 위해서는 10억 원 이상 필요한 상황. 하지만 이자 걱정 없이 쓸 수 있는 대출 한도액은 정해져 있었다. 중소벤처기업부 산하 소상공인시장진흥공단이 '강릉 산불 특별재난지역 소상공인 긴급경영안정자금'으로 업체당 최대 3억 원씩 지원하는 것이 전부였다. 거치 기간 5년을 포함해 10년 상환 조건이었고 금리 1.5%는 강원도와 강릉시가 전액 지원했다. 그나마 2019년 고성 산불 때보다는 대출 한도액이 1억 원 더 늘었지만 피해 및 복구 비용만 10억 원 안팎인 펜션 사업자들에게는 턱없이 부족한 수준이었다. 신 씨 부부가 펜션을 다시 짓기 위해서는 결국 수억 원의 빚을 내야 하는 상황이었다. 시중 금리가 6~7%에 달해 이들은 복구에 엄두도 못 냈다.

노부부는 막막함을 토로했다. "언제까지 임시조립주택에 살 수도 없고 집은 지어야 하는데 어떻게 해야 할지 모르겠어요. 벌이도 없이 땅 위에 집만 지을 것도 아니고⋯. 그렇다고 다시 펜션업을 하려니 70대의 나이에 고금리로 수억 원, 십 수억 원을 대출받을 엄두도 나지 않네요. 땅이라도 팔아 나가고 싶은데 재난을 겪은 동네이고 소유주들이 대부분 고령이어서 그런지 땅값이 영 안

나와요. 헐값에 매입하려는 사람들만 벌떼같이 몰려들더라고요.
이러지도 저러지도 못하고 땅만 가진 거지가 되게 생겼어요"

∴ 2023년 11월 신동환·이정선(가명) 씨의 펜션 부지

   2023년 11월에 만난 김윤택(66, 가명) 씨도 사정은 마찬가지였
다. 그가 노후 대비용으로 대출 없이 7년 전 지은 펜션(7실 규모)은
불에 탔고 철거됐다. 화재 보험금으로 받은 금액은 3억여 원 정도
였다. 화재 보험은 내부 피해에 대해서만 들어놓은 상태여서 건물
외부 피해에 대한 보상은 받을 길이 없었다. 설마 산불 피해를 입
을거라고는 상상도 못 했다. 8억 원을 들여 지었던 펜션을 다시 짓
기 위해서는 이제는 10억 원 이상이 들었다. 건축비가 평당 800만
~1,000만 원까지 올랐기 때문이다. 김 씨가 재난지원금, 성금 등

으로 받은 금액은 1억 6,000만 원이었고 보험금까지 다 더해도 대출을 최소 5억 원은 받아야 복구가 가능한 상황이었다.

김 씨는 대출받기를 주저했다. 2023년 경포 일대 펜션 경기가 역대 손에 꼽을 정도로 불황이었기 때문이다. 평소 20만 원 이상 하던 객실 요금이 평일에는 4만 원까지 떨어져도 이용객이 없을 정도였다. "소비심리 위축도 크지만 코로나19가 풀리면서 해외여행도 늘었고 경포 인근에 대형 숙박 시설도 워낙 많이 들어섰어요. 예전처럼 펜션을 해서 돈을 벌기 어려운 여건이 됐죠. 이자도 못 갚아 땅마저 뺏길까 싶어 이러지도 저러지도 못하는 상황입니다"

강릉시 소상공인과에 따르면 강릉 산불 피해를 입은 소상공인 사업장은 157개소였고 이 중 111곳이 펜션(농어촌민박업 90곳, 숙박업 21곳)이었다. 음식업이 17곳, 기타 사업장이 29곳이었다. 157곳 중 '전파' 피해를 입은 사업장은 73곳이었는데 이 중 74%(54곳)가 펜션이었다. 펜션 피해 신고액만 727억 원으로 집계됐다. 펜션 피해 사업자의 평균 연령은 60대였다. 수억 원, 십수억 원의 빚을 감당하고 복구할 것이냐 말 것이냐 고민할 수밖에 없는 연령대였다.

강릉산불비상대책위원회는 강릉시에 이자 지원이 되는 대출을 5억 원 한도로 추가 마련해 달라고 수차례 건의했다. 하지만 강릉시는 "추가 지원은 어렵다"는 입장만 반복했다. 펜션 업주들은 강릉시에 서운함을 토로했다. 2018년 평창동계올림픽을 함께 치렀는데 재난을 겪은 이후 나 몰라라 한다는 것이었다. "올림픽 때 숙

산불은 마을을 어떻게 바꿨나

박난이 심각했습니다. 민간 숙박시설 의존도가 높았죠. 시청에서 화장실 위생까지 철저하게 점검했는데 업주들 모두 받아들이고 따랐습니다. 외국인 손님을 맞기 위해 조식 서비스 제공도 안내했는데 협조했고요. 민·관 협력으로 올림픽을 잘 치렀는데 재난을 겪고 줄도산 위기에 놓여도 어떻게 쳐다보지도 않나요"

이재민들의 아우성에도 시청은 별다른 대책이 없었다. 재난의 피해를 감당하고 복구하는 것은 결국 이재민의 몫이었다. 소상공인 사업장은 더더욱 그랬다. 주택과 달리 직접 지원금은 없고 대출과 같은 간접 지원만 있기 때문이다. 이런 재난복구 체계를 아는 사람도 드물었다. 재난을 겪지 않은 주민들은 눈에 보이는 대로 "산불 이재민들이 정부로부터 많은 돈을 받아서 건물을 새로 지었더라"고 말했다. 그 돈이 대부분 빚으로 마련됐다는 것은 모르고 있었다.

모 아니면
도

∴ 산불로 불에 탄 최양훈 씨의 펜션 건물

"우리 집은 동화 같은 전원주택이었어요. 불타기 전에는"

2023년 4월 강릉 산불로 콘크리트 골조만 남은 한 펜션 건물 앞에는 이런 현수막이 걸려 있었다. 바로 옆에는 "우리 집은 모던하고 세련된 펜션이었습니다 ㅠ 불타기 전에는…"이란 현수막도 있었다. 산불로 펜션 건물 2동이 불에 탄 최양훈(50) 씨가 내걸었다. 강릉 토박이인 그는 스무 살 때부터 경포에서 자영업을 했다. 첫 장사는 김치 소매 장사였다. 친구의 아버지로부터 김치를 받아 관광객들에게 파는 사업을 시작했다. 이후 빵 가게, 피자 가게를 거쳐 펜션업을 시작했다. 사업을 점점 키워 2015년 경포대 인근 좋은 위치에 있는 땅을 매입했다. 럭셔리 풀 빌라를 컨셉으로 펜션을 새로 오픈했다. 영업이 잘돼 1동을 추가로 지었고 매점까지 지어 확장했다. 2018년 평창동계올림픽 개최 당시에는 외국인들도 머물렀다.

이렇게 수십 년간 바닥에서부터 일해 세운 펜션 건물을 최 씨는 산불로 하루아침에 잃었다. 임대주택에서 아내, 고교생 아들과 함께 거주 중이었다. 군 복무 중인 첫째 아들이 휴가로 나오면 머물 공간이 부족했다. 최 씨는 강릉산불비상대책위원장을 맡았다. 불에 탄 최 씨의 펜션은 2023년 7월 강릉 세계합창대회에 참가했던 우크라이나 소녀 합창단이 강릉에 도착해 가장 먼저 찾은 곳이기도 하다. 전쟁을 겪는 나라에서 온 소녀들은 전쟁 같은 재난을 겪은 이재민들을 위해 노래를 불렀다.

위로에도 불구하고 산불이 발생 이후 수개월이 지나도록 최양훈 씨는 끓어 오르는 분노를 참지 못했다. 강풍에 쓰러진 소나무에 전신주 전선이 끊겨 발생한 산불의 책임은 한국전력공사에 있다고 보고 곧바로 민사 소송 준비에 나섰다. 설상가상으로 그는 화재 보험도 가입돼 있지 않던 상태였다. 대출을 받은 주거래 은행을 통해 화재 보험도 가입했는데 갱신하지 않았던 것이었다. 최씨는 여름이 지나고 가을부터 복구 계획을 세우기 시작했다. 하지만 복구 계획이라고 부르기 어려울 정도로 감내해야 할 리스크가 매우 컸다. '빚으로 빚을 갚기' 외에는 아무런 방법이 없었다. 펜션 건물은 전파로 판정을 받았지만 안전진단 결과 리모델링해서 쓸 수는 있는 정도였다. 복구비로 7억 원 이상이 필요했다. 그는 산불이 나기 전에도 이미 10억 원가량의 대출을 갖고 있었다. 산불 이전에는 '충분히 갚아 나갈 수 있는 빚'이었지만 이제 상황은 달라졌다. 모험에 나서야 했다.

"재난지원금, 국민 성금 등은 소득이 없는 1년간 네 식구 생활비로 쓰는 정도고요. 기존에 은행에 진 빚과 리모델링 비용을 갚으려면 산불이 나기 이전처럼 건물 2동만 갖고 영업을 해서는 어림도 없어요. 건물 1동이 추가로 필요합니다. 그래서 은행에서 15억원 정도 대출을 냈어요. 5년 거치 5년 상환 조건인데 한 달에 이자만 1,400만 원씩 갚아야 할 거 같습니다. 이렇게 하지 않고서는 방법이 없어요. '모 아니면 도'라는 심정이에요"

산불은 마을을 어떻게 바꿨나

2024년 2월 29일 방문한 최 씨의 사업장은 리모델링과 신축 공사가 한창이었다. 4~5월쯤 오픈을 목표로 작업이 진행 중이었다. 건물 외벽은 모두 돌로 장식하고 나무 데크는 일절 없었다. 산불 피해를 입지 않기 위한 자구책이었다. "건물 밖에서부터 불이 붙는 일은 두 번 다시 없게 할 겁니다" 결기에 찬 표정이었다. 산불 피해를 입기 전에는 담배를 1갑씩 피웠던 최 씨는 복구 작업을 시작하며 2갑으로 늘었다. 그의 목표는 '벌여놓은 일을 수습하기'였다.

"한전을 상대로 청구한 민사 소송은 앞으로 3년 정도 진행될 것으로 예상하고요. 무엇보다 빚을 갚아 나가는 것이 중요하겠죠. 지나간 일은 지나간 일이라 생각하고 앞으로 할 일만 생각하고 있습니다"

청년 사업자인 이성환(30, 가명) 씨도 마찬가지였다. 돌아가신 어머니께 물려받은 198㎡(60평) 규모 2층 펜션이 전소된 이 씨는 집도 직업도 잃어 막막함을 토로했다. 그는 성금, 재난지원금, 소상공인 대출을 받아서 일단 건축을 하고 나중에 완공되면 담보 대출을 받을 계획을 갖고 있었다. "이렇게 하는 게 맞는지 모르겠지만 다른 방법이 없어요" 경포 산불이 발생한 지 1년이 지난 2024년 4월, 건축물 피해를 입은 204세대(전파 187세대, 반파 17세대) 중 65세대만 시청에 인허가를 신청하고 복구를 시작한 것으로 파악됐다. 3명 중 1명꼴로만 복구에 나선 것이다.

2019년 고성 산불에 비해 2023년 강릉 산불 소상공인들의 복구

조건은 여러모로 열악했다. 우선 금리 상황이 완전히 달라졌다. 2019년 4월만 해도 한국은행 기준금리가 1.75%였지만 2023년 4월에는 3.50%까지 올랐다. 배로 오른 건축비도 부담이었다. 2019년만 해도 평당 건축비는 400만~500만 원 정도였지만 2023년에는 800만~1,000만 원까지 올랐다. 이에 비해 사회적인 관심도는 2019년 고성 산불보다 크게 낮아졌다. 성금 모금 액수나 정부의 정책적 뒷받침도 상대적으로 적었다. 반복되는 재난에 무뎌져 가고 있었다. 2019년 고성 산불 당시에는 중소벤처기업부 장관도 수차례 방문했고 강원지방중소벤처기업청 등 산하 직원들을 이재민들에게 일대일로 배치해 재기를 지원했다. 소상공인 민원을 발굴해 해결하는 적극 행정을 취했다. 하지만 2023년에는 중소벤처기업부 차관이 한 차례 방문한 것이 전부였다. 사업장 1개소당 피해 금액은 2023년 강릉 산불이 2019년 고성 산불보다 최소 3배인데 사회적 관심도는 3분의 1 수준으로 떨어졌다. 재난이 반복돼서 익숙해진다는 것은 그만큼 무서운 일이었다. 전반적인 복구 여건이 2023년 강릉 산불이 훨씬 어려운 점은 분명했지만 그렇다고 2019년 고성 산불 이재민들이 편한 것은 결코 아니었다. 산불 발생일로부터 4년이 지난 2023년 하반기부터 고성 산불 피해 소상공인들의 얼굴에는 근심이 가득했다.

산불은 마을을 어떻게 바꿨나

눈 위에
또 서리가

2023 강원세계산림엑스포가 한창 열리고 있던 10월 6일 오후 고성군 토성면 봉포리의 한 호프집. 네팔에서 이 지역 대학으로 유학 온 20대 청년이 주방에서 부지런히 저녁 장사를 준비 중이었다. 바닷가 도로변에 있어 밤에 맥주 한잔 마시기 딱 좋은 단층 건물이었다. 바닥 청소를 위해 진공청소기를 돌리는 요란한 소리도 들렸다. 대표인 엄기종(57) 씨였다. 셔츠에 안경을 쓴 엄 씨는 식당 장사보다는 왠지 사무직이 더 어울리는 모습이었다. 그도 스스로 말했다. "산불 때문에 팔자에도 없던 먹는장사를 하게 됐네요"

엄 씨는 봉포리가 고향이다. 대학 진학을 위해 봉포리를 떠났고 행정학을 전공했다. 그의 목소리는 카랑카랑했고 말투는 논리적이었다. 엄 씨가 고성으로 돌아온 것은 2012년이었다. 2008년 고(故) 박왕자 씨 피격사건으로 금강산 관광이 전면 중단되며 고성 지역 경제가 뿌리째 흔들리던 시기였다. 지인들과 상의 끝에 그는 공연예술 분야 사회적 기업 '노리소리강원두레'를 창업했다. 전통놀이 공연부터 현대적인 공연예술 분야까지 다양하게 일했다. 2012년에는 금강산 관광 재개를 기원하며 국악 공연을 하기도 했다. 매출액이 많지는 않았지만 사업이 꾸준히 지속될 정도로 자리는 잡았다. 애당초 돈을 벌기 위한 목적으로 한 사업은 아니었기 때문에 그럭저럭 지낼만한 수준이었다. 사무실을 임대해서 쓰다가 2층짜리 가건물을 매입해 자가 건물에서 사업을 했다.

하지만 2019년 4월 4일 발생한 산불은 엄 씨의 일상을 전혀 다른 방향으로 끌고 갔다. 산불로 엄 씨는 사업장뿐만 아니라 인근 주택도 불에 탔다. 산불을 겪으리라고는 상상도 못 했던 터라 화재 보험도 가입하지 않은 상태였다. 사무실에 있던 악기, 공연 기계 장비 등을 포함해 2억 원 정도 피해를 입었다. 주택도 불에 타 2억 원 정도의 피해를 입었다. 임시주택 생활은 마냥 오래 할 수 없었다. 80대 노모를 모시고 있었기 때문이다. 정부 지원금에 빚을 내서 2019년 11월에 주택 복구를 마쳤다. 사업장은 2020년 2월부터 복구를 시작했다. 당시만 해도 평당 건축비가 300만 원 정도였는데 엄 씨는 집과 사업장을 복구하는 과정에서 1억 5,000만 원 정도 빚을 졌다. 큰 빚이 생기니 생각이 달라졌다. "돈을 벌어야겠다는 생각부터 들더라고요. 공연예술업으로는 빚을 갚을 수 없겠다는 생각이 들었습니다. 어떤 사업을 할까 하다가 호프집을 시작했어요"

2021년 2월 27일 그는 호프집을 개업했다. 누구나 개업을 할 때는 희망이 있다. 하지만 엄 씨의 개업 상황은 희망적이지 않았다. 이름도 낯선 코로나바이러스감염증-19라는 전염병 때문이었다. 당시 주민들에게 돌린 개업 안내문 문구는 이렇게 적혀 있었다. "○○○ 개업합니다. 산불 피해와 코로나19 바이러스 대유행의 어려움을 딛고 치킨과 생맥주 전문점을 새롭게 오픈합니다. 많은 격려와 이용 바랍니다. ※ 저희 ○○○은 코로나19 방역 수칙에 따라 가게를 운영하오니 이 점 유의 바랍니다"

개업 안내문에 유의 사항을 적어놓아야 할 만큼 모든 것이 조심스러웠다. 2021년과 2022년은 정부의 방역 조치가 가장 엄격하던 시기였다. 이른바 '개업발'은 아예 누려보지도 못했고 하루하루는 고단했다. 사회적 거리두기가 강화되며 영업시간 제한도 이어졌다. 엔데믹 이후에도 경기는 좀처럼 회복되지 않았다. 그는 좌절하기 시작했다. "산불이 발생한 직후만 하더라도 얼른 재기해야겠다는 의지가 있었어요. 하지만 코로나19가 발생한 이후부터는 정말 아무런 의욕이 없어지더라고요. 삶에 희망이 없어졌어요"

2019년 산불 이후 2020년부터 2023년까지 이어진 코로나19로 엄 씨는 일생에 한 번 겪기도 힘든 국가적인 재난을 5년 연속 겪으며 지쳐갔다. 이런 상황은 2024년에도 마찬가지였다. 2019년 산불로 진 1억 5,000만 원의 빚에 대한 이자만 월 50만 원에 달했다. 여기에 코로나19 국면을 버티기 위해 다시 5,000만 원의 빚을 졌고 캐피털 대출까지 수천만 원을 받았다. 2024년 3월에 엄 씨가 매월 내야만 하는 이자는 150만 원에 달했다. 경기는 전혀 회복되지 않았고 알바생 인건비를 주고 나면 남는 돈이 없었다. 이자를 제때 납입하지 못한 경우도 수차례 있었고 그럴 때마다 지연 이자를 또 물었다. "그나마 내 건물에서 임대료 없이 장사하니 유지라도 하지요. 제 주변에 이자도 못 갚아서 파산 직전인 소상공인 이재민들 정말 많습니다. 정부 지원을 받아 빌린 돈인데 사채 같이 느껴질 정도로 압박이 커요"

빚으로 사업을 이어간 지 5년이 된 2024년, 엄 씨의 부담감은 몇 배로 커졌다. 2019년 산불 발생 당시 받았던 대출의 원금 상환이 시작되는 해였기 때문이다. 그의 얼굴에는 근심이 가득했다. "지금도 살기 어려운데 매월 무슨 수로 원금을 갚아 나갈지 걱정입니다. 요즘 이 고민에 머리가 짓눌려요. 산불 재난을 겪고 가게를 복구해서 일어선다? 근본적으로 어려운 일입니다. 사업장 피해에 대해서는 간접 지원(대출)만 있고 직접지원은 없는데 무슨 수로 가능하겠습니까. 우리나라 재난 복구 지원책 수준이 경제 현실에 너무 맞지 않아요"

중소벤처기업부는 2019년 4월 고성 산불 발생 당시 소상공인을 적극 지원했다. 재난을 입은 소상공인에게 최대한 지원할 수 있는 대출 한도가 7,000만 원이었지만 2억 원으로 확대했다. 대출 기간은 '5년→10년(5년 거치 5년 분할 상환)'으로 연장했다. 대출 금리도 1.5%(고정)로 낮췄고 강원도가 이자 부담을 지원했다. 강원신용보증재단에 따르면 2019년 강원도 산불 피해기업 특별재해보증을 지원받은 소상공인 사업장은 226곳, 323억 원 규모였다. 이 중 2023년 10월 10일 기준으로 213곳, 309억 원의 잔액이 남아 있었다. 신용보증기금이 2019년 산불 피해를 입은 중소기업에 특례보증을 공급한 건수는 83건, 229억 원이었고 이 중 2023년까지 남아 있는 잔액은 62건, 177억 원이었다. 산불 피해를 입은 고성 토성면과 속초 일대 자영업자들은 수백억 원의 빚을 갚아 나가야 하는 현실이었다.

2019년 고성 산불 이재민 단체 중 한 곳인 4·4 비상대책위원회는 2023년 5월 강원지방중소벤처기업청을 찾아갔다. 구상권 소송이 아직 끝나지 않아 보상금조차 모두 못 받은 이들이 있으니 대출 기간 연장, 추가 대출, 대출이자 지원 등을 해달라고 건의했다. 하지만 중소벤처기업부에서는 별다른 회신은 없었다. 코로나19란 전례 없는 재난을 거치면서 소상공인 건의사항, 소상공인 지원책에 무뎌져 가는 사회 분위기였다. 고금리 여파 등으로 모든 소상공인들이 힘들어지면서 "왜 산불 피해 소상공인들만 또 지원을 해줘야 하지?"란 반응이 나왔다. 산불 피해 소상공인들의 건의는 그렇게 울림 없는 메아리가 됐다.

세 번의
억울함

∴ 2019년 고성 산불 당시 진성폐차장
(출처: 김재진 대표 SNS)

산불이 나면 대표와 직원의 대응은 엇갈린다. 직원들은 일단 대

산불은 마을을 어떻게 바꿨나

피하지만 대표는 차마 그 자리를 떠나지 못한다. 속초시 장사동 진성폐차장의 대표인 김재진(60) 씨도 그랬다. 강풍에 몸을 가누기도 힘들었던 2019년 4월 4일 저녁, 진성폐차장에도 불이 붙기 시작했다. 직원들은 대피하기 바빴지만 김 씨는 소화기를 들었다. 역부족이었다. 트렁크에 붙은 불을 끄면 범퍼에 불이 붙었고 또 다른 폐차의 타이어로 옮겨붙으며 순식간에 불길이 일었다. 김 씨는 일평생 일군 사업장이 불에 타는 것을 처음부터 끝까지 보았다. 거센 불길은 새벽 3시 40분이 돼서야 꺼졌다. 진성폐차장의 진성이란 이름은 '진격해 이룬다(進成)'는 의미였다. 김 씨가 여러 사업을 거쳐 조금씩 자산을 모으고 2013년 세웠다. 폐차는 전 세계로 수출됐다. 러시아, 중동, 남미 등뿐만 아니라 이름도 들어보지 못한 군소 국가에도 폐차나 부품이 나갔다. 하지만 '진성(進成)'은 6년 만에 꺾였다.

2019년 4월 5일 새벽. 김 씨는 빔 구조물만 남은 사무동에 와이어를 던졌다. 가족들에게 마지막 인사를 하는 문자를 보냈다. 와이어를 던졌지만 걸리지 않고 '톡' 내려왔다. 다시 던졌지만 또 내려왔다. 그날 와이어가 어딘가에 걸렸다면 김 씨는 가족들을 두 번 다시 만나지 못했다. "불이 다 꺼진 현장을 보니 망했다는 생각밖에 안 들었어요. 어떻게 살아가야 하나 싶었죠. 지금 생각하면 왜 그랬는지 모르겠지만…. 그때는 다 끝이라고 생각했어요"

정신을 차리고 나니 날이 밝았다. 다음 날부터 '복구'라는 과정이 시작됐다. 우선 직원 7명 중 여직원 1명만 남고 나머지는 모두 회사를 떠났다. 피해 현장에는 화장실도 없었다. 여직원은 용변을 보기 위해 자택을 오가야 했다. 피해 신고를 위한 작업도 시작됐다. 인력을 따로 쓸 여력도 없어 당시 고교 3학년생이었던 딸이 나와 불에 탄 폐차를 세는 일을 도왔다. 불에 시커멓게 탄 폐차를 셀 때마다 김 씨는 분노를 주체할 수 없었다. 아무 잘못도 없는 딸에게 화도 많이 냈다. 화재 보험은 건물(사무동, 작업동)은 가입돼 있었지만 폐차는 가입 대상이 될 수 없었고 고스란히 손해로 남았다.

  하루아침에 사업장을 잃고 생계가 막막한 처지였지만 이재민으로는 제대로 인정받지 못했다. 사업장 피해자는 모든 면에서 후순위였다. 주택 피해자는 '주거 안정' 차원에서 복구 지원책이 있었지만 사업장은 어디까지나 '사유 재산 피해'라는 시각이 전제돼 있었다. 당시 주택 피해를 입은 이재민들에게 가전제품 등이 지원됐지만 사업장 피해자였던 김 대표는 받지 못했다. 사회복지기관과 학교를 통해 보급된 청소년 구호품(운동화 등)도 주택 피해 자녀들은 받았지만 김 씨의 자녀는 받지 못했다. 당시 지급된 성금 기준표를 보면 소상공인은 주택 피해자에 비해 많이 소외돼 있었다. 2차 지원이 이뤄질 때 10억 원 이상의 피해를 입은 소상공인이 받는 성금 지급액(1,500만 원)은 주택 전파로 3,000만 원 미만의 피해를 입은 미거주자가 받는 금액(2,000만 원)보다 적었다.

2019년 고성 산불 성금 지급 기준표

1차(4~6월)

배분항목	배분 기준	지급액
인명	사망	1억 원
인명	부상	2,000만 원
주택 전파	3천만 원 이상	3,000만 원
주택 전파	3천만 원 이상	1,500만 원
주택 전파	3천만 원 미만	500만 원
주택 반파	3천만 원 이상	
주택 반파	3천만 원 미만	
세입자		1,000만 원
중소기업 소상공인	6천만 원 미만	피해액 30%
중소기업 소상공인	6천만 원 이상	3,000만 원
가재가전	전파	425만 원
	반파	213만 원

2차 지원(7월 이후)

배분 항목	배분 기준		지급액
인명	사망		1억 원
인명	부상		2,000만 원
주택 전파	3천만 원 이상	실거주	4,500만 원
주택 전파	3천만 원 이상	미거주	3,000만 원
주택 전파	3천만 원 미만	실거주	3,500만 원
주택 전파	3천만 원 미만	미거주	2,000만 원
주택 반파	3천만 원 이상	실거주	2,500만 원
주택 반파	3천만 원 이상	미거주	1,500만 원
주택 반파	3천만 원 미만	실거주	2,000만 원
주택 반파	3천만 원 미만	미거주	1,000만 원
세입자			500만 원
중소기업 소상공인	1억 원 이상 ~ 3억 원 미만		500만 원
중소기업 소상공인	3억 원 이상 ~ 10억 원 미만		1,000만 원
중소기업 소상공인	10억 원 이상		1,500만 원

(출처: 강원특별자치도)

산불 발생일로부터 4~5개월 정도 지나 피해 조사가 마무리됐다. 불에 탄 폐차와 건물을 정리하고 1만 3,223㎡(4,000평) 땅만 남았다. 김 씨 머릿속에 든 생각은 딱 하나였다. "이제 진짜 빈털터리가 됐구나 싶었습니다" 사업을 다시 시작할지 말지, 시작한다면 어떻게 해야 할지 막막했다. 당시 중소벤처기업부가 적극 나섰다. 장관이 직접 현장을 방문할 정도로 복구 지원에 대한 의지가 있었다. 중기부 산하 기관들(강원지방중소벤처기업청, 강원신용보증재단 등)과 금융권이 직접 사업장을 방문해 지원책을 안내했다. 은행 지점장인 친구는 "도와줄 테니 빨리 재기하라"고 했다. 하지만 국내 사회 재난 복구 체계에서 소상공인에 대한 도움은 간접 지원(대출)이 전부였다. 정부와 지자체는 '저리(低利)'나 '이자 지원'으로 이를 보완했다. 김 씨는 그나마 이를 다행으로 여겼다. "이런 지원책마저 없었다면 정말 사업을 포기했겠죠"

김 씨가 산불 발생 직후 지자체에 신고한 피해액은 38억 7,000만 원이었지만 모두 인정받지 못했다. 산불 원인 제공자였던 한국전력공사는 손해사정을 거쳐 김 대표의 피해액을 20억 원만 인정했다. '손해사정액의 60%만 보상금으로 지급한다'는 특별심의위원회 합의에 따라 한전으로부터 받은 보상액은 11억 원이 전부였다. 사무실 건물을 다시 짓고 압축기 등 장비를 구입하는 데 필요한 복구 비용에 한참 못 미치는 수준이었다. 여기에 차량을 매입해 거래처와 거래를 다시 시작하려면 자금이 또 필요했는데 부족했다. 그는 이런 현실을 억울하게 여기며 분통을 터뜨렸다. "강원도 사람들이 힘이 없으니까 이런 일을 겪는 것 아니겠어요! 피해액도 제대로 인정 못 받고 이게 말이 됩니까?" 그는 변호사를 선임해 개별적으로 민사 소송도 준비했지만 중간에 포기했다.

∴ 김재진 진성폐차장 대표. 2023년 4월 강풍으로 날아간 지붕을 가리키고 있다.

산 넘어 산이었고 김 대표는 세 번째 산을 또 넘고 있었다. 산불이 발생하기 전에 2억 원 정도 빚이 있었는데 복구비를 마련하느라 빚은 9억여 원으로 늘었다. 2019년 이후 4년간 3억 원은 갚았다. 하지만 아직도 6억여 원의 빚이 남아 있었다. 이자로만 매월 180만 원씩 갚아나가면서 드는 생각은 딱 한 가지다. "산불이 나

지 않았더라면 없었을 빚인데 이자를 낼 때마다 억울하죠" 산불
발생 이후 경기 상황은 그리 좋지 않았다. 코로나19로 외국인 출
입이 제한되면서 해외 바이어들의 발길도 줄어들었다. 여기에 우
크라이나 전쟁까지 터지면서 주요 수출국도 어수선했다. 고철 가
격은 하락세였다. "해외에서 주문이 예전처럼 들어오지 않아 어려
워요. 4년이 지났지만 아직 60% 정도만 회복된 거 같습니다"

아직도 회복 중인 김 씨가 잊지 못하는 편지 한 통이 있다. 산불
이 발생하고 2주 정도 지났을 때 한 선배가 보낸 편지였다. 세로로
써 내려간 편지는 '자네 얼마나 상심이 크겠나'로 시작해 '그래도
다시 일어서시게나'로 끝났다. 형편이 넉넉지 않은 선배인데도 50
만 원을 함께 넣어 전했다. 김 씨는 이 봉투를 받고 한참 울었다.
따뜻한 격려는 4년이 지나도록 힘이 되고 있었다. 산불 피해 소상
공인 이재민들에게 지금도 필요한 말들이었다.

불에 탄
소나무

∴ 2019년 고성 산불이 발생한 지 4년이 지난 2023년 10월 토성면 원암리 일대 야산.
산불에 탄 소나무가 그대로 남아 있다.

2019년 고성 산불이 발생하고 4년 6개월이 지난 2023년 10월 20일. 고성군 토성면 일대 산과 도로변에는 죽은 소나무가 흔하게 보였다. 줄기와 가지가 허옇게 메마른 죽은 소나무들이 군락을 이루고 있으니 을씨년스러웠다. 사유림의 산주들이 4년이 지나도록 산불 피해목을 벌목하지 않고 보존 중인 현장이었다. 고성군에 따르면 2019년 산불로 피해를 입은 산림 소유주는 506명, 산림 전체 피해액은 95억 8,000만 원이었다. 이 중 지자체 지원을 받아 벌채와 식재를 마친 인원은 352명이었다. 나머지 154명 중에는 손해배상을 받기 위한 민사 소송을 진행 중인 이재민들이 대다수를 차지했다. '죽은 소나무'는 치열한 법정 다툼 중에 산주들이 자신의 피해를 입증할 증거였다.

속초가 고향인 고경남(54) 구성개발 대표도 민사 소송 중인 이재민 중 한 명이었다. 어릴 적 소아마비를 앓은 그는 다리가 약간 불편했다. 몸은 불편했지만 한시도 가만히 있지 못했다. 가정 형편이 어려워 일찌감치 생계 전선에 뛰어들어야 했다. 설악산에서 노점상을 하기도 했다. 차곡차곡 돈을 모아 낙산에서 횟집을 시작했다. 20년간 부지런히 일해 기반을 다졌다. 그리고 제2의 도약을 꿈꾸며 2017년 조경업과 부동산업을 시작했다. 고성군 토성면 원암리에 3만 9,249㎡(1만 1,873평) 규모의 산을 매입하고 주택 단지 개발과 조경업을 준비 중이었다. 구성개발이란 회사명의 '구성'은 고 대표의 꿈을 의미했다. 9개 공간을 나눠 고급 전원주택 단지를 만들고 이를 분양하려 했다. 은행에서 15억 원 정도 대출을 받았고 2년에 걸쳐 인허가 절차를 밟았다. 전국 곳곳을 다니면서 전원주택 단지를 벤치마킹하고 직접 현장에서 일을 하며 분양 사업 노하우를 배웠다.

인허가 절차가 막바지 단계에 접어들 무렵 악몽 같은 산불이 발생했다. 수십 년 쌓아온 꿈의 공간이 거센 바람 속에 훨훨 타는 것을 지켜볼 수밖에 없었다. 그는 인근 주택 주민들의 대피를 도운 공로로 소방서 표창을 받았지만 정작 자신의 사업터는 복구 불능의 상태가 됐다. 지자체에 낼 피해 신고를 위한 조사가 시작됐다. 인부를 쓸 여력이 없던 터라 세 자녀가 나왔다. 대학생과 고교 2학년생인 딸들, 그리고 초등학교 5학년생인 아들까지 나왔다. 불에 탄 소나무마다 리본을 묶어 둘레를 재고 번호를 매기는 작업이었다. 꼬박 2개월이 걸렸다. 군청은 지원금(4,600만 원)을 제시하며 피해목을 벌채하고 묘목을 심을 것을 권했다. 고 대표는 따르지 않았다. 자신이 입은 피해에 비하면 지원금이 턱없이 적은 수준이라고 생각했기 때문이다. 소나무를 굴취해 조경업을 할 계획이었고 소나무 한 그루당 가격을 300만~500만 원으로 매겨도 20억 원의 피해 규모가 나왔다. 여기에 불에 탄 소나무를 정리하며 땅(마사토)을 정리하면 거의 평지 수준이 돼버려 계단식으로 주택 단지를 개발하려던 계획도 어려워진다. 고 대표의 꿈은 물거품이 되는 것이다. 그는 군청과 한국전력공사의 피해 보상안을 모두 거부하고 민사소송단에 참여했다. 소송에 참여하기 위해서는 현장을 보존해야 했다. '불에 타 죽은 소나무'는 이런 이유로 남아 있었다.

춘천지법 속초지원에서 1심 선고가 나오기까지 4년이 걸렸다. 원고 일부 승소로 나왔고 이를 통해 3억 9,000만 원을 받을 수 있었다. 고 씨는 민사 소송에 참여한 것이 옳은 결정이었다고 보았다. "군청의 안내대로 산불 발생 직후 피해목을 곧바로 정리했으면 이 돈마저도 못 받았겠지요" 하지만 이 돈은 지난 4년간 진 빚을 갚기에는 한참 모자랐다. 산을 매입하느라 은행에서 빌린 15억 원의 이자는 매월 400만~500만 원씩 나왔다. 고 대표는 주택을 담보로 대출을 받아 이자를 갚기도 했다. 그는 주중에는 산림비상대책위원회의 일을 하며 피해 보상을 받을 방법을 찾고 주말에는 횟집에서 아르바이트를 했다. 아내가 일을 하며 묵묵히 생계를 돌봤다.

그 사이 고 씨의 정신적인 스트레스는 한계치까지 다다랐다. 산불 발생일로부터 2년 정도 지났을 때가 가장 위험했다. 아무런 희망이 보이지 않는 가운데 절박한 심정으로 정책자금을 알아봤는데 지원 대상에 부동산업은 해당이 안 된다는 것을 알았다. 그는 대포항에 나가 소주 5병을 마시고 극단적인 선택을 시도하려고 했다. 직전에 통화한 지인의 설득으로 그 순간을 벗어났다. 하지만 지금까지도 술 없이는 단 하루도 버티기 어려울 만큼 심적 고통은 컸다.

고 씨는 은행 대출의 이자를 갚느라 주변 지인들에게 사채를 많이 빌려 썼다. 그의 성실함과 어려운 형편을 잘 아는 지인들은 "나

중에 형편이 되면 갚으라"고 격려했다. 그는 1심 소송으로 받은 배상액의 대부분을 이 빚을 갚는 데 썼다. 조금이나마 미안함을 덜어 다행이었지만 희망은 여전히 보이지 않았다. 2023년 10월에도 항소심 준비가 한창이었고 소송의 결과는 아직 확정되지 않았기 때문이다. 불에 탄 소나무는 소송 과정의 증거로써 계속 현장 보존해야 하는 상황이었다. 언제쯤 정리할 수 있을지는 누구도 알 수 없었다. 고 씨는 산불 발생 이전에는 친목 모임도 많이 했다. 하지만 지금은 모두 끊어졌다. "산불을 겪고 사람에게 너무 실망해서 대인 기피증도 생겼어요. 만나봐야 좋은 이야기도 없고…. 이제는 만나는 사람도 같은 이재민들로 좁혀졌습니다"

법원 판결이 확정돼도 고 씨의 피해가 금방 회복되는 것도 아니다. 불에 탄 소나무를 뿌리 뽑고 땅을 정리해 어린나무를 심어도 관련 법에 따라 5년간은 개발행위를 할 수 없기 때문이다. 50대에 새로운 도약을 꿈꿨던 그는 이제 아무런 희망이 없어졌다. 지난 4년간 유일한 버팀목은 가족이었다. 어려운 아빠를 위해 힘든 내색 한 번 안 하고 자란 삼 남매와 아내였다. "아이들이 크는 동안 아무것도 해준 것이 없는 거 같아 미안할 뿐입니다"

누가 그의 4년을 '보상'해 줄 수 있을까? 무엇으로 그의 4년이 '복구'될 수 있을까?

3장.

숲이란 일터를
잃은 마을

벌거벗은 산,
메마른 계곡

∴ 2022년 대형 산불이 발생했던 강릉 옥계면의 야산

산불은 마을을 어떻게 바꿨나

숲이 없는 산은 벌거벗은 아이와 같다. 산불에 탄 소나무를 베어내고 심은 어린나무들이 채 자라지 않아 풀만 무성한 산을 보면 옷을 제대로 챙겨 입지 못한 아이를 보는 기분이 든다. 소나무 높이 만 한 송전탑만 드문드문 보일 뿐이었다. 동서남북 사방이 그런 풍경을 보면 상실감이 어떤 감정인지를 분명히 알 수 있다. 일출 명소로 유명한 정동진과 인접한 마을, 강릉시의 최 남쪽 마을이자 동해시와의 경계선에 있는 옥계면(玉溪面)의 이야기다. 옥계면은 산과 들, 바다를 고루 갖추고 있고 석회석도 나와 농업, 어업, 임업, 광산업이 고루 이뤄지는 마을이다. 석병산, 자병산, 두리봉, 망덕봉, 만덕봉 등으로 이어지는 연봉들로 둘러싸여 있고 낙풍천, 주수천, 남양천 주위로 평야가 형성돼 있으며 동해시 망상동, 정선군 임계면과도 닿아 있다. 한라 시멘트 공장도 가동 중이다.

반복되는 봄철 대형 산불은 옥계면을 황폐하게 만들었다. 산계리에서 2004년 3월 16일 방화로 추정되는 산불이 나 이틀간 430㏊(축구장 602개 면적)가 불에 탔고, 2017년 3월 9일에도 산계리에서 입산자 실화로 추정되는 산불이 나 이틀간 160㏊(축구장 224개 면적)가 불에 탔다. 2019년 4월 4일에는 남양리에서 신당 전기초 합선으로 추정되는 산불이 나 이틀간 1,260㏊(축구장 1,765개 면적)가 불에 탔다. 그리고 2022년 3월 5일에는 이웃과 관계가 원만하지 못했던 60대가 토치로 불을 내면서 산불이 시작돼 4일간 4,190㏊(축구장 5,868개 면적)가 불에 탔다.

옥계면 남양 2리는 2019년, 2022년 대형 산불이 시작된 마을이다. 남양리는 올밑, 진목정, 응달말, 옹구점, 흑싯골, 범울이, 영내터, 정상골, 피밀을 합한 마을로 '현내 남쪽, 양지쪽'이란 의미를 갖고 있다. 범울이는 남양천의 발원지인 이내골이 있는 곳이다. 범울이에서 흐르는 물이 남양천을 이루며 흘러내려 주위로 마을이 길게 형성됐다. 옛지명이 오일(梧谷, 午日)이어서 아랫오일(1리), 윗오일(2리)이라 칭했는데 남양2리는 윗오일이었다. 더 깊은 숲속에 있는 남양 2리는 물이 귀했다. 2022년 3월 산불 발생 이후 찾은 남양2리의 남양천은 메말라 있었다. 하천의 폭에 비해 실제로 물이 흐르는 폭은 3분의 1밖에 되지 않았다. 하천이라 부르기도 민망할 정도였다. 봄철 파종이 한창인 밭은 건조하고 메말라 있었다. 흙에 물기가 없어 바람이 조금만 불어도 흩날렸다. 발로 밟을 때마다 푹푹 꺼졌다. 봄철뿐만 아니라 여름철, 가을철도 마찬가지였다. 2023년 9월 초 남양천은 봄철보다 더 메말라 있었다. 남양천의 발원지가 있는 남양2리는 더 심각했다. 경로당 앞 계곡은 물줄기가 보이지도 않고 풀만 무성하게 자라 있었다. 김영기 남양2리 이장은 안타까워했다. "10년 전만 해도 빨래도 하고 여름에 몸도 담그며 놀았던 계곡인데 이렇게 메말라 버렸어요"

∴ 물 대신 풀만 무성한 남양2리의 하천 줄기

　물이 부족한 마을은 대형 산불 대응에도 취약했다. 산불이 났을 때 소방당국이 도착하기 전에 주민들이 스스로 선제 대응할 수 있는 장비가 비상 소화전이다. 이 인프라가 구축되려면 상수도관이 있어야 하지만 남양 2리는 설치돼 있지 않았다. 2019년 대형 산불을 계기로 일부 변화가 생겼다. 2020년 남양1리에서 남양2리 경로당까지 약 4㎞ 구간에 상수도관이 설치됐다. 강원도 예산 10억 원으로 추진됐다. 하지만 예산 문제로 남양2리의 위쪽인 피밀골, 범울이 등은 상수도관 설치 구역에서 제외됐다. 범울이의 10여 가구는 세탁기 한번 돌릴 물도 구하지 못해 지하수, 계곡수로 근근이 버텼다. 대형 산불은 이 취약점을 파고들었다. 2022년 봄, 상수도관이 설치되지 않은 마을 상층부에서 방화로 산불이 시작된 것이다. 승용차 한 대가 지나가기에도 좁은 도로에 옛날 집들이 많아 산불 발생 당시 소방차가 곧바로 진입하지 못했고 호스를 연결해서 진화 작업을 벌였다. 마을 주민들은 발을 동동 굴렀다. "물이 귀해 불을 끌 물을 충분히 구하지 못했어요"

2022년 3월 대형 산불 발생 직후 남양2리 경로당에는 강릉시가 보급한 생수가 한가득 쌓여 있었다. 마을 지하수 물은 식수로 마시기에는 수질이 부적합할 정도로 열악했다. 산불 발생 직후 주민들은 상수도관 설치 확대를 건의했지만 강릉시는 난색을 표했다. 인프라 구축에 들어가는 예산 대비 수혜를 누릴 인구수는 매우 적었기 때문이다. 강원도가 5년 단위로 수립하는 수도정비기본계획(2020~2025년)에 포함되지 않은 마을이어서 전액 시비로 추진돼야 하는데 2~3㎞ 구간에 상수도관을 설치하는 비용은 10억여 원이 들었다. 마을의 인구는 수십 명 정도였다. 기초지자체로서는 부담이 클 수밖에 없었다. 하지만 식수도 구하기 어려운 점, 대형 산불 취약지인 점 등을 고려해 상수도관 설치 지역으로 정했다. 강릉시는 2023년 9월 "올해 총 사업비 10억 원을 투입하여 남양리 호명골 일원에 상수도관(1.3㎞) 및 가압장을 설치하고 남양리 피밀골 일원에 상수도관(2.8㎞) 및 가압장을 설치한다"고 발표했다. 강릉시는 "옥계면 남양리 일부 지역은 지방상수도 미보급으로 그동안 생활용수로 하천수 및 지하수를 이용하고 있어 가뭄 및 갈수기에 물 부족을 겪어왔다. 이번 사업으로 상대적으로 도심에 비해 소외받

고 있던 지역에 깨끗하고 안전한 지방상수도를 보급하여 안정적
인 생활용수 공급환경을 조성하고 주민 불편을 해소할 계획"이라
고 밝혔다. 사업비 10억 원은 전액 시비로 마련됐다.

'산 좋고 물 좋은 강원도'라고 하지만 물이 메말라 가는 산속 마
을은 대형 산불의 취약지가 돼버렸다. 재정자립도가 낮은 강원도
기초지자체들은 예방 인프라를 구축하는 것도 어려웠다. 재난은
이 약점을 공격했고 약자에게 더 가혹했다.

휴지 줍는
노인들

        대형 산불이 휩쓴 지 1년 6개월이 지난 2023년 9월 7일 오전. 강릉시 옥계면 남양2리의 경로당 앞 정자에는 할머니 10여 명이 모여 앉아 얘기를 나누고 있었다. 모두 파란색 조끼를 입고 파란색 모자를 쓰고 있었다. 바로 옆에는 할아버지들도 같은 복장을 한 채 5명 정도 모여 앉아 있었다. 대형 산불이 발생한 이후 마을의 일상적인 풍경이었다. 원래 9월 초순이 되면 모여서 얘기할 시간도 없었다. 마을을 둘러싼 산속에 있는 송이를 캐느라 가장 바쁜 시기이기 때문이다. 이선월(86) 씨는 바쁜 시절을 그리워했다. "산불이 나기 전에는 이맘때부터 한 달간 송이를 캐기 시작했는데 이제는 캘 송이가 없어요. 대신 휴지 줍기, 풀 뽑기 등 공공근로를 하면서 간간이 일하고 있죠" 남양2리에는 76세대 126명이 살고 있다. 연령이 50대인 세대주는 손에 꼽을 정도이고 대부분은 70~90대들이다.

어르신들의 일자리가 '송이 캐기→휴지 줍기'로 바뀐 것은 어떤 의미가 있을까. 남양 2리에서도 송이를 가장 많이 캐기로 유명했던 윤재구(76) 씨에 따르면 9~10월 한 달 남짓한 기간에 송이를 캐고 많게는 1,000만 원씩 버는 주민도 있었다. 똑같은 1,000만 원도 도시의 중산층과 시골 고령 어르신들에게는 그 의미가 사뭇 다르다. 감자, 고추 등 농사를 1년 내내 쉬지 않고 지어봐야 실제로 손에 쥐는 수익은 도시 근로자의 한 달 치 월급 수준이다. 비롯 값 등 생산비를 빼고 나면 남는 것이 없고 최저임금도 못 받는 셈이다. 송이 채취는 달랐다. 별다른 기술력이나 자본을 들이지 않아도 하루에 최대 30만 원씩 벌 수 있었다. 건강이 허락되는 한 부지런히 일한 만큼 소득을 얻을 수 있는 소중한 일거리였다. 하지만 이날 정자에 모여 앉아 있던 어르신들이 생전에 송이를 다시 캐는 일은 없을 터였다.

∴ 산불 발생 이후 1년이 지난 남양2리

　지자체가 소득원을 잃어버린 어르신들을 위해 공공근로 일자리를 만들었지만 송이 채취와 비교할 수 없었다. 매일 3시간씩 일하면 일당은 2만 7,000원 정도였다. 일을 매일 할 수도 없었다. 근무 일수는 한 달에 열흘이 전부여서 월 소득은 많아야 30만 원이었다. 송이 채취가 한창일 무렵의 일당 수준이다. 마을 주민들이 잃은 소득원은 송이뿐만이 아니었다. 김영기(62) 남양2리 이장은 "보여줄 것이 있다"며 마을 뒤편 산으로 데려갔다. 키가 40㎝ 남짓한 소나무 묘목 사이에 불에 타고 남은 밤나무 밑동이 보였다. 둘레가 농구공만 한 밤나무가 있었던 자리임을 짐작하게 했다. 인근에는 엄나무가 보였다. 봄철 최고급 산나물인 개두릅(엄나무 순)을 내어주는 나무들은 대부분 불에 타고 4년 전에 다시 심은 어린 엄나무들이 보였다. 산불 속에 살아남은 엄나무와 다시 심은 어린 엄나무의 높이를 비교해 보니 '어른과 아이' 수준이었다. 이 마을에 원래 있던 엄나무는 성인 키보다도 높았지만 새로 심은 엄나무는 어른 허리 높이에도 못 미쳤다. '어느 세월에 저만큼 다시 자랄까…'란 생각이 들지 않을 수 없었다.

∴ 2019년 대형 산불로 불에 타고 새로 심어진 엄나무(오른쪽)와 불에 타지 않은 엄나무(왼쪽). 높이 차이가 확연하다.

산불 속에 살아남은 엄나무도 예전만 못했다. 잎의 곳곳에 구멍이 뚫려 있었고 아랫동은 가지가 나오지 않았다. 김영기 이장은 답답함을 토로했다. "산불에 그을리고 생육 상태가 부쩍 나빠졌어요. 지금 상황을 봐서는 주민들이 다시 개두릅을 채취하려면 아직 3년은 더 기다려야 할 거 같네요" 소나무뿐만 아니라 밤나무, 감나무, 엄나무까지 사라지면서 마을 주민들의 소득난은 심해졌다. 봄이면 엄나무에 기대고 가을이면 소나무, 감나무, 밤나무에 기대어 생계를 이어갔던 주민들은 이제 기댈 곳이 없어졌다. 2022년 대형 산불이 발생했을 당시 남양2리에는 국무총리가 방문했었다. 마을 경로당을 방문해 어르신들을 위로했다. 하지만 마을 주민들에게 수년, 수십 년에 걸쳐 고통스러운 영향을 미칠 피해 현장은 살피지 못했다.

김영기 이장은 목소리를 높였다. "이런 아픔을 도대체 누가 알아주겠습니까?"

산불은 마을을 어떻게 바꿨나

송이의
빈자리

삼척 시내에서 40분 정도 떨어진 깊은 산 속에 있는 원덕읍 사곡리(沙谷里). 40여 세대가 사는 작은 마을이다. 절반은 토박이, 나머지 절반은 귀촌인들이다. 응봉산에서 내려오는 맑은 계곡물이 흐르지만 농사를 지을 수 있는 땅은 넓지 않았다. 기계화가 어려운 만큼 주민 모두 영세농들이었다. 40대 귀촌인들은 시내에 있는 업체에 취업해 일을 하기

∴ 2022년 산불 영상을 보여주는
삼척 사곡리 김동화 이장

도 했다. 대안학교인 삼무곡청소년마을도 있었다. 주민 간 큰 갈등 없이 평온했던 마을을 바꿔 놓은 것은 2022년 3월 경북 울진에서 넘어온 산불이었다.

사곡리에서 태어나 마을에 줄곧 사는 김동화(54) 이장은 스마트폰에 당시 산불이 번진 동영상을 저장해 놓고 있었다. 마을을 둘러싼 산의 능선에서 시뻘건 불길과 검은 연기가 치솟는 장면이었다. 다음 날 아침에 찍은 장면에는 뿌연 연기가 자욱한 마을이 보였다. 비상대책상황실 주변에는 소방차와 경찰차가 대기 중이었다. 다행히 바람은 거세게 불지 않았다. 불길은 민가로는 내려오지 않았다. 대신 짙은 황사 같은 뿌연 연기가 낮이고 밤이고 마을에 가득했다. 주민들이 대피소에서 집으로 돌아왔을 때 실내에는 재가 수북이 쌓여 있었다. 사곡리는 산불 진화 헬기가 뜨기 어려운 지형 조건을 갖고 있었다. 계곡 상류에는 고압선 철탑이 있었고 헬기로 뿌릴 물을 담을 수 있는 기곡저수지는 5㎞ 떨어진 거리에 있었다. 진화 헬기는 경북 울진 일대에 전진 배치됐고 삼척 사곡리에는 이후에 도착했다. 김 이장은 당시 상황을 생생히 기억했다. "얼마나 답답했던지 헬기가 뜬 '두두두둥' 하는 소리가 그렇게 시원할 수가 없더라고요"

산불로 주민 재산 피해는 없었지만 소나무가 불에 탔다. 소나무 숲은 사곡리 주민들에게 소중한 일터이자 공동의 자산이었다. 국유림이 있는 사곡리는 산림청과 송이 채취권 양여 계약을 체결하

산불은 마을을 어떻게 바꿨나

고 송이를 채취해 왔다. 채취권을 받은 주민들은 산불이나 산지 전용 감시, 병해충 예찰 등 산림 보호 활동을 하면서 송이로 소득을 올렸다. 해마다 가을이 되면 험한 산과 깊은 계곡으로 들어가서 송이를 채취했다. 송이 채취로 마을 전체가 얻는 소득은 1억여 원이었다. 고소득 직장인 1명의 연봉 수준이지만 사곡리 주민들에게는 의미가 남달랐다. 김동화 이장은 주민들에게 송이가 중요한 이유를 설명했다. "감자 농사를 1,652㎡(500평) 규모로 지어봐야 1년에 100만 원도 벌기 힘듭니다. 모종값, 비룟값, 인건비 등을 빼면 오히려 적자죠. 송이는 차원이 달라요. 별다른 기술이나 투입 비용이 없어도 몸만 건강하면 얼마든지 소득을 얻을 수 있죠"

산불이 발생하자 가장 먼저 근심에 빠진 이들은 연금 소득이 없거나, 자녀들에게 도움을 받지 않고 사는 어르신들이었다. 송이를 채취할 수 없어 소득원이 사라졌기 때문이다. 2022년 동해안 산불 발생 당시 송이 피해는 큰 이슈가 됐다. 강원도 삼척뿐만 아니라 경북 일대까지 산림 2만 523㏊가 불에 탔고 금강송 군락지 위기로 상징될 정도로 소나무 피해가 컸다. 임가의 피해는 컸지만 지원 방안은 뾰족이 없었다. 현행 사회 재난 구호 및 복구 비용 부담 기준 등에 관한 규정에 따르면 송이는 인위적인 재배시설이 아니라 자연적으로 생산되는 것으로 간주 됐다. 송이 채취를 해온 농가들은 법적으로 산불 피해 복구 지원 대상은 아니었다.

산림청은 사각지대를 막기 위해 '산불 피해지 송이 대체작물 조성 사업*을 마련했다. 산불 피해지의 송이 등을 대체할 단기 소득 임산물의 생산단지 조성을 지원하는 내용이었다. 지원금은 최대 2,000만 원 이었다. 또 최근 3년간 매년 최소 100만 원 이상 채취했던 근거 자료가 있어야 했고 '개인' 단위로만 신청할 수 있었다. 사곡리는 마을 단위로 양여를 체결하고 5인 1조로 송이를 채취했다. 김동화 이장은 마을 회의를 소집했다. "대체 사업에 선정돼도 지원금은 개인의 돈이 아닌 마을의 돈으로 관리해야 합니다" 이장의 설득에 주민들은 공감했다. 9명이 신청해 3명이 선정됐고 3억 3,000만 원이 나왔다. 사곡리 주민들은 이를 마을의 재산으로 귀속시켰다. 이런 과정을 거쳐 2022년 11월 사곡리영농조합법인이 설립됐다.

생산 주체는 정해졌고 이제는 송이 대체작물을 결정해야 했다. 마을 사업 추진 방향을 의논하는 개발위원회(위원 11명)가 소집됐다. 여러 차례 회의가 열렸고 도라지 재배 등 다양한 안이 나왔다. 남들이 안 하는 것을 해야 승산이 있다는 주장에 의견이 모아졌고 결론은 '꽃송이 버섯'이었다. 산림청에 따르면 2022년 송이 대체작물 조성 사업으로 강원, 경북 일대에 290건(40억 원 규모)이 지원됐다. 임가에서는 대체작물로 표고, 고사리, 취나물, 다래, 감, 호

---

* 삼척시의 경우 4개 분야에 19억 3,800만 원이 지원됐다. '산림작물 피해 지원'으로 11가구에 1,000만 원이 지원됐고, '송이 피해 생계 지원금'으로 4가구에 300만 원이 지원됐다. '송이 대체작물 조성 사업'으로 22가구에 6억 7,000만 원이 지원됐다. 송이 피해 지원금 사업으로 27가구에 12억 5,500만 원이 지원됐다.

산불은 마을을 어떻게 바꿨나

두, 도라지, 더덕, 두릅, 대추 등을 심었다. 원덕읍 사곡리가 선택한 꽃송이 버섯은 생소한 작물이었고 유일했다. 주민들은 송이를 대신할 새로운 소득원을 창출할 수 있을 것으로 기대했다.

현실은 쉽지 않았다. 2023년 7월 14일 사곡리 경로당 옆에는 주황색 컨테이너(3m×6m) 9동이 설치돼 있었다. 꽃송이 버섯을 재배하는 스마트팜이지만 내부는 텅 비어 있었다. 재배가 일시 중단된 것이다. 월 100만 원 수익을 내기도 어려운 상황이 지속됐다. 꽃송이 1kg을 생산하는데 필요한 배지는 3봉지다. 1봉지당 가격은 1만 500원으로 전국 공통이어서 가격 협상의 여지는 없었다. 1kg을 생산하는데 원재룟값만 3만 1,500원이 드는 셈이었다. 사곡리 영농조합법인은 전기세, 인건비, 택배비 등을 고려해 가격을 7만 7,000원으로 책정하고 2023년 1월에 250kg을 생산했다. 하지만 꽃송이 버섯이란 낯선 작물을 7만 7,000원이란 가격에 구매하는 소비자는 찾기 힘들었다. 재배 경험만 있고 판매 경험이 없던 주민들에게 시장 개척은 어려운 일이었다.

∴ 재배가 중단된 사곡리 꽃송이 재배 스마트팜

생산이 지속가능 하기 위해서는 매월 1,000만 원씩 꽃송이 버섯을 팔아야 했다. 하지만 2~7월까지 누적 매출액이 900만 원에 그쳤다. 결국 배지를 2023년 6월까지만 받고 일시 중단했다. 김동화 이장은 답답해했다. "남들이 안 하는 작물을 키워 팔면 될 거라고 생각했는데 워낙 저변이 없다 보니 소비자들에게 소개하는 것도 어려웠습니다. 농사만 짓던 시골 마을 사람들에게 임산물을 마케팅하고 시장에 판매하는 일은 완전히 다른 차원의 훨씬 어려운 문제였어요. 당초 기대했던 수익의 10%도 못 미치는 결과가 나와 당혹스럽습니다" 사곡리는 삼척시 등에 도움을 요청했지만 뾰족한 수는 없었다. 2023년 추석 이후로 재배는 중단됐다.

산림청 국립산림과학원은 2023년 11월에 중요한 연구 결과를

산불은 마을을 어떻게 바꿨나

발표했다. 1996년 고성 산불로 송이가 사라진 피해지에서 인공 재배에 성공한 것이다. 산림 생태계 변화를 모니터링 하기 위해 1997년 시험지 70㏊를 조성했고 이후 2007년 송이 재생산을 위한 소나무림을 시험지 내에 조성했다. 홍천에서 육성한 송이 감염묘를 시험지에 옮겨 심은 지 16년 만에 처음으로 송이가 발견된 것이다. 국립산림과학원은 "산불 피해지에서 소나무림이 조성되고 다시 송이를 생산하기 위해서는 30년 이상의 시간이 필요한데 절반가량 앞당긴 것"이라고 말했다.

획기적으로 줄여도 16년이 걸릴 만큼 산불 피해지에서 송이가 다시 나기까지는 오랜 시간이 걸린다. 산불관리의 과학적 근거를 연구한 전문가들에 따르면 송이는 20~30년생 소나무림에서 시작해 30~40년생에서 최대로 생산되고 50년생 이후에는 생산량이 줄어드는 것으로 알려져 있다. 산불 피해지에서는 송이 균환이 1~2년 안에 소멸한다. 산불이 난 후 송이가 다시 자라는 시기는 피해 정도에 따라 다르다. 지표화 피해를 본 송이산은 소나무가 살아 있을 경우에는 산불 발생 후 5년이 지나면 송이가 재발생한다. 10년 후에는 정상 수확도 가능하다. 하지만 전소된 경우는 다르다. 1996년 산불로 송이산이 전소된 강원도 고성 지역에서 주민들의 요구에 따라 1997년, 1998년 소나무를 심은 지 25년이 지났지만 송이가 아직 자라지 않고 있다. 2000년 동해안 산불이 발생하기 전에는 삼척 근덕면과 원덕읍 일대 주민들도 송이 채취로 자녀들을 대학까지 보냈지만 모두 중단됐고 현재까지도 송이는 채취하지 못하고 있다.

　동해안 산불 예방을 위해 소나무 대신 활엽수를 심어야 한다는 주장도 매번 나왔다. 하지만 현실은 '도로 침엽수림'이었다. 소나무가 산불에 취약하다는 객관적인 근거는 많았다. 연구진에 따르면 침엽수는 목재, 형성층, 잎, 가지 등에 송진이나 테르펜 같은 휘발성 물질을 함유하고 있어 활엽수림에 비해 발열량이 많다. 2016년 국립산림과학원이 침엽수 낙엽과 활엽수 낙엽을 태워 화염 높이와 유지 시간을 비교했더니 침엽수의 화염 높이가 약 1.7배, 화염 유지 시간은 2.5배 길었다. 침엽수의 낙엽은 활엽수보다 분해가 느려 낙엽층이 두껍게 퇴적되는 특징이 있고 나무껍질도 상대적으로 얇아 화염에 견딜 수 있는 저항성이 떨어졌다. 그럼에도 불구하고 다시 침엽수림으로 복구되는 유일한 이유는 '송이'였다. 삼척시의「2022년 삼척 원덕 산불 피해지 복구 계획수립 기본설계 용역 보고서」에 따르면 당시 삼척시의 산림 피해 면적(719.84ha)의 90%는 사유림(650.36ha)이었다. 산주 의견수렴과 주민 설명회를 거쳐 복구 계획이 완성된 367ha 중 78%(284.75ha)는 소나무 조림 지역으로 정해졌다. 산주 대다수가 송이 복원을 희망하기 때문이었다.

　산주의 소나무 선택을 바꾼다는 것이 어렵다는 것을 지자체 공무원들은 잘 알고 있었다. 2000년 동해안 산불 발생 당시 삼척시 산림과의 실무 담당자였고 현재는 산림과장인 최인규 씨의 이야기는 놀라웠다. "송이가 날 때쯤 되면 산주들은 감시 카메라를 설치해 놓거나 산속에 움막을 쳐놓고 자면서 송이를 지키고 있죠. 송이가 어디서 나는지는 부모 자식 간에도 비밀입니다" 이론적으로는 산불에 활엽수림이 강하고 내화수림대를 조성해야 한다고 강조하지만 소나무의 소득 효과를 넘을 수 없는 것이 현실이었다. 이를 넘는 대안이 없는 이상 산불 피해지는 다시 소나무 숲이 될 수밖에 없었다.

4장.

사분오열된 마을

두 번의
인터뷰

　　2023년 7월 5일 오후 2시를 앞둔 춘천지방법원 311호 법정 안. 작은 공간에는 침묵과 긴장감이 흘렀다. 이날은 2019년 고성 산불 이재민들에게 지급된 재난지원금을 두고 정부 등(행정안전부 · 강원특별자치도 · 속초시 · 고성군)이 원인 제공자인 한국전력공사를 상대로 청구한 구상권* 소송의 1심 선고가 예정된 날이었다. 2021년 2월 19일 법원에 소장이 접수된 이후 2년 5개월여 만이었다. 이재민들에게 아직 지급이 완료되지 않은 보상금에도 영향을 미칠 수 있는 소송이었다. 이재민 단체 관계자들, 공무원

---

*　제3자가 채무를 대신 갚아주고 채무자에게 지급을 요구할 수 있는 권리

들, 한전 직원들, 그리고 기자들이 앉아 있었다.

　모두가 초조하게 판결을 기다리고 있던 그때, 제일 뒷줄에 앉은 기자들 옆으로 한 이재민 단체 대표 A 씨가 앉았다. 그는 일면식도 없는 기자에게 말을 건넸다. 제일 앞자리 한가운데 앉은 다른 이재민 단체의 대표 B 씨를 가리키며 A 씨는 "쟤는 한전 앞잡이"라고 말했다. 60대 남성이 같은 60대 남성에게 '쟤'라고 말하는 상황이 기자들은 민망스러웠다. 더욱이 작은 규모의 법정이어서 앞줄까지 충분히 말이 들릴 수 있었다. 하지만 A 씨는 오히려 B 씨가 들으라는 듯 "쟤는 이재민 대표도 아니다"라고 거듭 말했다. B 씨는 들리지 않은 척 뒤도 돌아보지 않고 앞만 바라보고 있었다.

　드디어 판사들이 입장했다. 지역 사회가 3년 가까이 기다린 1심 선고가 시작됐다. 예상했던 대로 선고 결과는 복잡했다. 부장 판사가 낭독한 판결 내용만으로는 법정 안에 있는 소송 당사자들도 결과를 금방 파악하기 어려웠다. 이재민 단체, 변호사, 지자체 공무원, 한전 직원들, 기자들 모두가 "판결문을 받아 봐야 결과를 알 수 있을 것 같다"며 일단 법정을 빠져나왔다. 법정동 앞에는 방송사 카메라 기자들이 기다리고 있었다. 산불 발생일로부터 4년, 소송 제기일로부터 2년 이상이 지나 선고된 만큼 1심 결과에 대한 이재민 단체 대표들의 반응을 담기 위해서였다. 그때 A 씨가 기자들 앞에 나와 목소리를 높였다. "저쪽 단체만 인터뷰하지 말고 공정하게 우리 쪽도 인터뷰해 주셔야 합니다"

많은 기자들이 있었지만 어느 누구도 A 씨의 말에 토를 달지 않았다. 수년간 고성 산불 복구 과정을 취재하며 두 이재민 단체 간 갈등의 골이 얼마나 깊은지 너무나도 잘 알고 있기 때문이었다. 같은 이재민 단체이지만 도저히 의견을 모을 수 없었다. 한쪽의 말만 들었다가 쏟아질 항의도 너무 잘 알고 있었다. 설령 뉴스 편집본에는 한쪽 단체만 보도하더라도 취재는 일단 두 단체 모두 해야 하는 상황이란 것을 모두가 잘 알고 있었다.

일단 다수 이재민 단체의 위원장인 B 씨가 마이크 앞에 섰다. "구상권을 청구해 이재민들에게 혼란을 초래한 정부에 대해 아직도 실망을 금치 못하겠습니다" B 씨를 비롯한 간부 3명은 곧바로 자리를 떠났다. 곧이어 다른 비상대책위원회의 A 씨가 인터뷰를 했다. 역시 이재민들의 고통은 진행 중이란 내용이었다. 3시간쯤 지나 고성으로 돌아간 B 씨는 기자에게 상황을 물어보며 이렇게 말했다. "(A 씨가) 뭐라고 합디까? 아까 법정에서 나를 '쟤'라고 부르는 소리를 들었는데 모르는 척했어요. 애들도 아니고…. 이제는 신경 쓰는 것도 지쳤습니다" B 씨는 지쳤다고 했지만 A 씨가 위원장으로 있는 이재민 단체 회원들의 분노, 원망은 해가 지나도 사그라지지 않았다. 고성 산불 이재민 단체 2곳이 수년째 운영 중인 온라인 밴드를 보면 B 씨 측을 '어용 비대위' '매향노'로 표현한 게 시글이 보였다. 최근 올라온 글에도 원색적인 욕설도 흔했다.

고성군 토성면은 속초시와 인접한 지역으로 2019년 산불 피해가 대부분 이 지역에 집중됐다. 토성면은 산불 이후 많이 바뀌었다. 인흥초교를 중심으로 주민 대부분 선후배로 엮이는 관계이지만 산불 피해 복구 과정을 놓고 의견이 엇갈렸다. A 씨가 소속된 이재민 단체는 속초지역의 주민들이 활동했고 B 씨가 소속된 이재민 단체는 고성군 토성면의 이재민들이 가입됐다. 이재민 단체들은 서로 비판적으로 바라보았다. 또 같은 이재민 단체 안에서도 사안을 바라보는 시각은 저마다 달랐다. 고성군 토성면 한 마을의 50대 이장인 C 씨의 기억은 이렇게 남았다. "산불 비대위 운영 과정에서 문제점은 있었어요. 이재민들 간의 갈등이 일어날 수밖에 없는 상황이었죠. 이런 얘기 이제 할 것도 아니고…. 한창 시끄러웠던 초기에 우리 마을 어르신들께는 비대위 간 싸움에 끼지 말라고 단단히 얘기해 놓았습니다. 우리 마을은 조용히 지나갔어요"

설악산이 보이고 바다를 낀 평온했던 동해안의 한 마을은 2019년 산불 이후 모든 것이 바뀌었다. 5년이 지나도록 마음의 앙금과 원망, 분노를 풀 기회도 없었다. 감정의 골은 점점 더 깊어졌고 돌이킬 수 없는 지경까지 됐다. 초반에는 이런 감정이 거침없이 밖으로 드러났다면 요즘은 각자의 가슴 속에 있는 것이 다를 뿐이다. 서로 다른 이재민 단체를 "죽을 때까지 용서할 수 없다"는 사람도 있었다. 철천지원수란 이럴 때 쓰는 말일 것이다. 특별한 계기가 없는 이상 이들의 자식 세대도 같은 상황이 될 가능성이 컸다. 도대체 무엇이 문제였을까.

그들이
갈라진 이유

✲✲ 2023년 6월 속초 시내 곳곳에 걸린 현수막
(출처: 4·4산불비상대책위원회)

"나머지 40%를 왜! 이재민들이 책임져야 합니까! 우리 이재민들이 왜! 무슨 잘못을 했길래 40%라는 책임을 져야 합니까! 왜!" 2023년 4월 20일 춘천지법 속초지원 앞에서 들린 절규였다. 2019년 고성 산불 피해 이재민 중 60명이 원인 제공자인 한국전력공사를 상대로 낸 260억 원 규모 손해배상청구소송의 1심 선고[*] 직후였다. 공교롭게도 2023년 4월 11일 강릉 경포 산불이 발생한 지 열흘이 지난 후였고 지역의 관심이 집중됐다. 결과는 원고(이재민) 측의 일부 승소. 3년 3개월 만에 이뤄진 선고 결과였지만 이재민들은 납득하지 못하겠다며 분노하거나 실망했다. 이들이 외친 "왜"란 외마디에는 절망감과 원통함이 가득했다. 이날 재판부가 주문을 낭독한 뒤 이례적으로 덧붙인 말은 언론의 관심을 모았다. "산불 사건 관련해서 만족할 만한 결과를 드리지 못하게 된 점을 안타깝게 생각합니다. 마음이 무겁습니다. 다시 한번 산불 피해를 입으신 분들에게 안타까운 마음을 전합니다"

재판부도 '이재민들이 만족하기 어려운 결과'라고 인정한 1심 선고 결과는 "법원이 지정한 전문감정평가사의 감정 결과를 토대로 감정액의 60%인 87억 원과 지연손해금을 한전이 이재민들에게 지급하라"였다. 재판부는 한전의 배상 책임이 있다고 보면서도 책임의 범위를 제한했다. 한전이 소유한 전신주의 설치상 하자로 인

---

[*] 춘천지방법원 속초지원 2020가합20004, 20257

해 산불이 발생한 점은 인정하면서도 "피고(한전)가 고의 중과실로 화재를 발생시킨 것이 아니고 당시 강풍 등 자연적인 요인 때문에 피해가 확산한 점도 있다"며 이재민들이 청구한 금액 265억 원 중 87억 원만 인정했다. 1심 재판부가 한전의 배상 책임으로 제시한 '감정액의 60%'에 이재민들은 격분했다. 이 비율을 조금이라도 높여보려고 시작한 소송이었기 때문이다. 이들은 시종일관 "원인 제공자인 한전이 피해액의 100%를 배상해야 한다"는 입장이었다. 하지만 결론은 원점 그대로였다.

그렇다면 이재민들이 반발하며 소송을 제기한 이유이자 소송으로도 뒤집지 못한 '인정된 손해액의 60%'란 보상 기준은 어디서 나왔을까. 산불 발생 이후 4개월이 지난 2019년 8월 30일 구성을 마친 피해 보상 특별심의위원회(특심위)가 출발점이었다. 한전은 피해 보상 문제의 신속한 해결을 위해 특심위를 꾸렸다. 특심위는 6명으로 구성됐다. 이재민 비상대책위원회, 한전, 지자체가 각각 2명씩 추천한 외부 전문가들이었다. 이재민 측은 이들의 법률 자문을 맡았던 법무법인 소속 변호사들이 참여했다. 특심위는 총 9번의 회의를 거쳐 4개월만인 2019년 12월 30일 보상 기준에 대한 최종 결론을 내렸다. 피해액 규모는 1,753억 원(2,051건)으로 확정하고 (사)한국손해사정사회가 산출한 손해사정금액의 60%(임야 및 분묘는 40%)인 1,039억 원을 보상하는 안이었다. 마지막 9차 회의 장소는 한전 강원본부였다. 특심위는 "피해 보상금 지급 비율은 한전의 배상 책임이 아닌 피해 주민에 대한 생활안정지원금 등 여러 정책적 사항을 고려한 비율"이라고 강조했다.

이 소식은 지역 일간지의 2020년 1월 1일 자 지면에 보도됐다. "고성·속초산불 피해 보상 손해사정액 60%에 최종 합의" "한전-비대위 협의 4개월 만에 마무리"란 제목이었다. 2020년 경자년(庚子年) 새해 첫날 발행된 신문에는 모든 사회 문제를 녹아내리길 바라는 희망의 메시지를 담아 태양을 찍은 사진 뉴스도 실렸다. 하지만 그 태양도 2019년 진통을 겪은 고성 산불 피해 보상 합의를 둘러싼 갈등의 응어리를 녹아내리게 하지는 못했다. 협상 최종 결과인 '손해사정금액의 60%'와 이 결과가 도출된 4개월간의 과정은 몇 년이 지나도록 꺼지지 않는 갈등의 불씨가 됐다. 한전이 서둘러 내놓은 보상책에 왜 일부 이재민들은 반발하며 이를 수용하지 못했을까?

2020년 1월 이후 한전 강원본부 앞에서는 이재민들의 집회가 몇 차례 열렸다. 경찰이 출동해야 할 정도로 대치가 심각했다. 이재민들이 든 현수막에는 이런 문구가 적혀 있었다. "절차무시 밀실요율 60% NO!"

∴ 특심위 의결에 반발하며 한전 강원본부 앞에서 집회를 개최한 이재민들
(출처: 4·4산불비상대책위원회)

이 현수막 문구는 지금까지도 마찬가지였다. 금융사 임원을 역임하고 퇴직 이후 속초에 정착한 최인준(가명) 씨는 단호하게 말했다. "2019년 12월 30일 특심위 의결 결과가 원천 무효라는 생각은 단 한 번도 변한 적이 없습니다" 속초에 짓고 살던 전원주택이 전소된 최 씨는 2019년 산불 발생 이후 나온 기록물을 여러 개의 상자에 담아 보관 중이었다. 그는 지금까지도 피해 현장을 보존하며 한전을 상대로 민사 소송을 진행 중이었다. 최 씨와 같은 입장을 가진 이재민들, 그러니까 '절차무시 밀실요율 60% NO!'를 외쳤던 이재민들은 주로 속초에 거주하고 있었다. 이들은 고성 지역 이재민들이 주로 포함된 비상대책위원회와 별도로 '4·4산불비상

대책위원회'란 또 다른 비대위를 꾸려 활동했다. '다수파'인 고성 산불비상대책위원회가 한전과의 보상 문제 협상에 나선 반면 상대적으로 '소수파'인 속초의 4·4산불비상대책위원회는 "한전의 100% 원상 복구 배상"을 주장하며 협상에 극도로 신중하거나 반대하는 입장을 보였다. 4·4산불비대위는 고성산불비대위의 간부를 대상으로 수차례 고소 고발도 진행했다. 한전과의 유착 관계를 주장하는 내용, 비대위 대표성에 문제를 제기하는 내용, 공금 사용을 둘러싼 문제 등이었다. 실제로 유죄가 나온 사건은 없었지만 불신이 얼마나 깊었는지를 보여줬다.

　4·4산불비상대책위원회의 이재민들은 특심위 구성 자체에도 반대했다. 보상 문제는 특심위를 통해 결정한다는 한전의 방침은 이들에게는 '배제'로 여겨졌기 때문이다. 한전이 이재민들과 직접 보상 문제를 논의해야 한다고 주장했지만 희망 사항일 뿐이었다. 4·4산불비대위의 이재민들은 "1~9차 협상이 이뤄지는 동안 우리의 의견은 협상 테이블에 전혀 전달되지 못했다"고 주장했다. 이들은 구상권 문제가 해결되지 않은 상태에서 협상이 이뤄지는 것은 이재민들에게 추후 엄청난 피해가 가중됨이 당연하기 때문에 구상권에 관한 책임 부여 문제를 확실하게 정리할 것, 가해자 한전의 보상 요율도 이재민 총회를 거쳐 동의를 구하고 8차 협상에 임할 것 등 2가지를 특심위 위원들에게 전달했다. 하지만 이는 받아들여지지 않았다.

2019년 고성 산불 피해 관련 제1~9차 특별심의위원회 주요 내용

회차	일시	주요 내용
1차	2019년 9월 2일	위원장 선출, 운영 기준 및 실무협의회 운영 검토, 선금지급금액 및 지급 방안 논의
2차	2019년 9월 30일	위원장 선출 관련 의견 대립 및 조정 난항으로 회의 결렬
3차	2019년 10월 21일	위원장 선출 및 특별심의위원회 심의 대상 범위 확정
4차	2019년 11월 4일	책임, 과실 비율 산정 및 자연력 기여도 인정 관련 논의
5차	2019년 11월 18일	자연력 기여도 인정 관련 논의
6차	2019년 11월 25일	한전 책임 비율 지속 논의
7차	2019년 12월 2일	한전 책임 비율 지속 논의
8차	2019년 12월 16일	한전 책임 비율 지속 논의
9차	2019년 12월 30일	최종 의결 ① 한전의 최종 지급금 규모는 손해사정금액의 60% 　(임야 및 분묘 등은 40%, 기지급 된 선금 15% 포함) 　※ 구상 관련 사항은 한전이 정부 및 지자체와 협의하여 　　해결하도록 노력할 것 ② 정부 및 지자체가 피해민에게 개별 지원한 금액 및 　지원할 금액에 대하여 한전에게 구상 청구하지 않을 것을 　촉구 ③ 의결사항 불수용 피해민은 개별적으로 법적 구제 절차 　진행 가능 ④ 위 비율은 한전의 배상책임 비율을 판단한 것이 아니고, 　피해민에 대한 생활안정지원금 등 여러 정책적인 사항을 　고려한 비율임

(출처: 강원특별자치도, 한국전력공사)

1,000여 명에 이르는 이재민들은 8차 협상이 이뤄질 때까지 만 해도 한전의 보상 요율에 합의를 이루지 못했다. 당시 언론 보도를 보면 2019년 12월 18일 고성 천진초교 체육관에서 이재민 500여명이 모여 총회를 열었지만 이 자리에서도 한전 측이 제시

한 '손해사정 금액의 60%'를 수용할지 여부는 결론 내리지 못했다. 피해 금액의 60%도 아닌 손해사정 금액의 60%는 실제 입은 피해를 보상하기에는 턱없이 적은 수준이었다. 일부 이재민들은 "동의하지 말고 한전을 상대로 투쟁 수위를 높여나가야 한다"고 목소리를 높였다. 2019년 12월 19일 자 한 지역 일간지에는 "고성 산불 피해 보상 해결 기미 안 보인다"는 제목으로 극도로 혼란스러운 분위기를 다룬 기사가 실리기도 했다. 하지만 불과 2주 뒤에 열린 9차 협상에서는 '손해사정금액의 60%'로 최종 의결됐다. 이재민들 사이에서는 "손해사정금액의 70% 혹은 80%까지는 협상 가능하다"는 이야기도 있었기 때문에 터무니없이 낮다는 불만도 봇물 터지듯 쏟아졌다.

이런 의견을 가진 이재민들은 특심위 의결이 독단적인 협의 혹은 밀실야합이었다고 주장했다. 이재민들이 내건 현수막의 문구였던 '절차 무시 밀실요율 60%'란 반발은 이렇게 시작됐다. 4·4 산불비대위 이재민들은 60%에 동의한 고성 이재민 단체 간부들을 '역적'이라고 불렀다. 고성산불비대위는 특심위 의결 내용을 받아들인 이유를 밝혔다. 기존 재난 관련 판례를 검토한 결과 투쟁과 소송으로는 보상 요율을 끌어 올리기가 쉽지 않고 계속 집회를 열어서 투쟁 동력을 확보하기도 어려울뿐더러 투쟁과 소송이 오래 지속되면 2차 피해가 발생할 수 있다는 점을 들었다. 고성산불비대위는 "무엇보다 특심위 의결(60%) 수용 여부는 이재민 각자가 판단할 부분"이라고 선을 그었다.

특심위 의결을 받아들이느냐 마느냐와 별개로 협상 결과와 근거가 모든 이재민들에게 곧바로 공유되지 않은 것도 갈등을 증폭시켰다. 4·4산불비대위의 이재민들은 한전에 공식적으로 특심위 회의 내용 공개를 요구했지만 한전은 "특심위 운영규정 제12조 1항에 따라 회의 내용은 비공개를 원칙으로 한다"고 답변서를 보냈다. 소통의 부재로 불신은 커졌다. 4·4산불비상대책위원회는 특심위 의결 직후 문제점과 문의 사항을 국민신문고를 통해 제기했다. 질의 사항은 크게 6가지였다. ①위촉 위원의 소속 기관, 성명, 연락처 ②위촉 위원 계약서 사본 ③특심위 1~9차 활동 내역 및 회의록 ④주택 손해사정액의 60%, 산림 40% 산출 근거와 법적 근거 ⑤속초시 이재민 협의 대상 제외 근거 ⑥이재민 동의 절차 없는 의견서 서명 근거 등이었다. 답변서는 2020년 3월 강원도청이 작성해 보냈다. 결과는 한마디로 '강원도는 파악이 불가능하다'였다. 각 질문에 대한 답변은 이랬다.

① **위촉 위원 인적사항**: 고성지역 특별심의위원회에서 관리하고 있고 위촉사항은 「개인정보보호법」에 의거해 제공이 불가

② **위촉 위원 계약서 사본**: 강원도 추천위원의 경우 특심위 활동에 대한 도 차원의 대가 미지급으로 별도 계약서 부존재(타 기관 및 단체의 추천 위원은 도에서 파악이 불가하니 각 기관 및 단체에 개별 문의 요망)

산불은 마을을 어떻게 바꿨나

③ **특심위 1~9차 회의록**: 특심위 활동 내역 및 회의록은 특심위 간사인 한전에서 작성(한전 또는 특심위 답변 필요)

④ **60% 산정 근거**: 특심위 의결 사항은 위원회 고유 결정 사항으로 특심위 답변 필요

⑤ **속초 이재민 제외 근거**: 협의 당사자인 한전과 속초비대위 간의 문제이며 한전 답변 필요

⑥ **의결서 서명 근거**: 특심위 의결 사항은 위원회 고유 결정 사항으로 특심위 답변 필요

답변서가 올라온 4·4산불비상대책위의 밴드(SNS)에는 "아무런 답변도 못 해주는 국민 신문고는 왜 존재하는지…. 이런 걸 보고도 어찌 분노가 일어나지 않겠습니까?"란 댓글도 있었다. 특심위 논의 과정에 대한 의문은 컸지만 답변을 들을 기회는 없었다. 일부 이재민들은 한전이 아닌 법원이 지정한 주택과 임야 등 분야별 감정평가사로부터 피해 조사를 받으면 '정확한 판단'이 나올 것으로 보았다. 4·4산불비대위는 한전의 보상 기준이 터무니없다며 반발하고 자체적으로 춘천지법 속초지원에 민사 소송을 제기했다. 수사 과정에서 한전의 관리 부실, 하자로 인해 전선이 끊어져 산불이 발생한 점은 인정된 만큼 민사적 책임을 물은 결과는 다를 것으로 보았다.

1심 재판을 맡은 춘천지법 속초지원은 2022년 11월 양측에 화해 권고 결정을 내리기도 했지만 이재민과 한전 양측 모두 이의를

제기하고 끝까지 소송을 강행했다. 2023년 4월 20일 1심이 선고됐지만 특심위 의결 내용과 같은 손해사정금액의 60%로 한전의 배상 책임이 나왔다. 3년의 기다림 끝에 법원이 내린 결론도 '그 기준 그대로'이면서 이재민들은 좌절하고 분노했다. 1심 선고 직후 속초 시내 곳곳에는 "특심위 의결 60% 밀실요율 확정한 재판장은 한전 직원인가?"라는 문구가 적힌 현수막이 걸렸다. 이들은 1심 판결에 불복하고 항소를 제기했다. 항소 준비 과정에서 법무법인 선임 등을 놓고 이재민들끼리 갈등이 불거지기도 했다. 보상 문제의 빠른 해결을 위해 꾸려진 특심위였지만 당사자들에게는 4년이 지나도록 끝나지 않는 긴 싸움이 됐다.

4·4산불비상대책위의 대응에 모든 이재민들이 공감하는 것은 아니었다. 이재민들 중에는 하루빨리 한전으로부터 피해 보상을 받아 끝내길 바라는 이들이 훨씬 많았다. 특심위의 최종 의결 이후 보상을 받겠다고 동의서를 제출한 다수의 이재민들은 그런 마음이었다. 이들은 4·4산불비상대책위원회에 대해 "바뀌는 건 아무것도 없는데 괜히 요란하게 선동만 한다"는 비판도 했다. 그렇다고 해서 한전과 합의한 고성산불비상대책위원회가 순탄하게 보상 문제를 마무리 지은 것은 아니다. 이들도 민사 소송을 건 4·4산불비상대책위원회와 마찬가지로 2023년에야 긴 터널을 나올 수 있었는데 오히려 더 늦게 보상 문제가 1차적으로 마무리됐다. 정부가 한전을 상대로 청구한 구상권 소송의 여파였다.

뜨거운 이재민,
차가운 정부

　　2019년 산불이 발생하고 4년 3개월이 지난 속초 장천마을. 2023년 7월 초 이곳에서 전동 휠체어를 타고 밭으로 일하러 나가는 최선자(67, 가명) 씨를 만났다. 그의 스마트폰에는 산불 피해 당시 사진이 고스란히 남아 있었다. 기와집의 창고에 불이 붙으며 경운기, 고추 건조기 등이 모두 탔다. 그의 피해는 '소파(小破)'로 분류됐다. 밝고 씩씩했던 최 씨의 목소리는 "산불 이전과 이후를 비교해 달라"는 질문에 흔들렸다. 언니 동생처럼 지냈던 마을 주민들끼리 산불 이후에는 거리를 두게 됐다며 고개를 떨구고 눈물을 흘렸다. 그는 "불에 타니 사람 마음을 알겠더라"라며 보상액 격차를 두고 마을에서 오가던 말이 큰 상처였다고 기억했다.

심리 상담도 받았다. 최 씨의 스트레스는 한 가지 더 있었다. 손해 사정을 거쳐 인정된 피해액이 1,700만 원 정도 됐는데 산불 발생 일로부터 4년 3개월이 지나도록 전액 받지 못한 점이었다. "그놈의 구상권인지 뭔지 때문에 아직도 마무리되지 못했어요" 최 씨처럼 고령의 이재민들은 구상권 개념을 이해하지 못해 "정부가 돈을 주고 도로 빼앗아 가려 한다"고 혼란스러워했다.

구상권(求償權). 타인을 위해 변제를 한 사람이 채무 당사자에 대해 가지는 반환청구의 권리를 말한다. 재난 관련 구상권에 대한 논의가 시작된 것은 성수대교 붕괴(1994년)와 삼풍 백화점 붕괴(1995년) 이후였다. 사회 재난의 원인 제공자에 대한 구상권의 근거 규정인 「재해구호법」 제13조 제3항이 입법화된 것이 2016년 1월 7일이다. 또 「재난 및 안전관리 기본법」의 '제66조 제6항*'이 입법화된 것은 2017년 1월 17일이다. 「재난 및 안전관리 기본법」 제66조 제6항이 신설되고 이에 근거해 구상권 소송이 진행된 첫 사례가 바로 2019년 고성 산불이었다. '처음'에는 늘 시행착오가 있기 마련이다. 그만큼 어설프게 나서지 말아야 하지만 구상권 청구에 대한 법리와 의사결정 기준은 충분하지 않았다. 이런 상태에서 '법대로' 추진한 결과 논란이 적지 않았고 혼란은 온전히 이재민들

---

* 국가 또는 지방자치단체는 제3항 각호에 따른 지원의 원인이 되는 사회 재난에 대하여 그 원인을 제공한 자가 따로 있는 경우에는 그 원인 제공자에게 국가 또는 지자체가 부담한 비용의 전부 또는 일부를 청구할 수 있다.

산불은 마을을 어떻게 바꿨나

의 몫이었다. 충분한 준비 없이 추진한 행정안전부에 대한 이재민들의 불신은 매우 컸다.

고성 산불 구상권 청구 문제는 한전의 피해 보상 기준을 정하기 위해 구성된 특별심의위원회의 6차 회의(2019년 11월)부터 본격적으로 논의됐다. 보상액 기준뿐만 아니라 정부가 구상권을 청구했을 때 누가 책임지고, 어떻게 대응할 것인가도 협상에서 주요 의제였다. 특심위는 '정부와 지자체가 한전에 구상권을 청구하지 않을 것을 촉구한다'는 내용을 의결 사항 중 하나로 포함 시켜 9차 회의를 마무리 지었다. 속초지역 비상대책위원회는 "구상권 문제가 매듭 지어지지 않은 상황에서 협상이 졸속으로 종료됐다"고 봤기 때문에 구상권 문제는 향후 고성-속초 이재민 간 갈등의 불씨도 됐다.

특심위 의결대로 한전과 고성산불비상대책위원회는 행안부에 구상권 청구 철회를 촉구하기 시작했다. 일단 특심위는 "정부 등이 한전에 대해 재난지원금을 청구할 경우 보상 금액이 축소되고 청구 예상금액 지급이 유보되어 사회적 갈등이 유발될 우려가 있다"며 2020년 1월 3일 행안부에 공식적으로 철회를 촉구했다. 한전의 최종 지급금에서 지원금 수혜분이 차감돼 보상 규모가 축소되고 구상권 판결이 확정될 때까지 구상 예상금액 지급이 유보된다는 취지였다. 이재민들은 "피해액도 아닌 손해사정액의 60%밖에 보상받지 못하는데 이마저도 모두 받을 수 없게 된다. 정부 등이 피해 복구를 위해 지급한 재난지원금과 한전의 피해 보상은 구분돼야 한다. 우리는 이를 고려해서 특심위가 의결한 60%를 수용했다"는 입장이었다. 한전은 "보상금을 먼저 지급한 후 정부가 재난지원금을 청구하면 이중 지급에 해당되기 때문에 정부의 재난지원금 청구 문제가 해결된 후에야 보상금을 전액 지급할 수밖에 없다"며 구상권 청구 철회를 정부에 호소했다. 하지만 행안부의 구상권 청구 방침은 그대로였다. 2020년 1월 20일 구상권 청구 계획을 밝혔다. 행안부는 "한전의 책임 비율을 임의로 결정할 수 없기 때문에 재난지원금 전부를 청구해야 한다"는 입장이었다. 당시 행정안전부 장관은 2020년 4월 1일 고성군 토성면 용촌리의 임시조립주택을 방문한 자리에서 구상권 문제 해결을 촉구하는 이재민들에게 이렇게 말했다. "한전과 이재민, 정부와 고성군, 강원도가 지혜를 모아야 하고 이재민의 생각을 이해 못 하는 것도 아닙니다. 그렇다고 장관이 모든 것을 결론 내릴 수도 없어요. 법이 있고 원칙이 있습니다" 이에 대해 이재민들은 "한전과 협상을 마친 지 3개월이 지나도록 구상권 문제 때문에 어려운데 생색내기 방문이냐"며 불만을 토로했다.

　강원도의 고민도 깊어졌다. 이재민들의 불만이 컸고 무엇보다 재난지원금 분담 비율이 행안부 70%, 강원도 15%, 속초시·고성군 15%로 나누어진 상황에서 재난지원금 청구 주체 및 청구 범위 결정 방식과 관련해 법령 해석에도 어려움이 있었다. 강원도는 2020년 4월 감사원에 사전 컨설팅을 의뢰했다. 강원도의 질의 사

　　　　　　　산불은 마을을 어떻게 바꿨나

항은 크게 3가지였다. ①강원도가 국가 등이 부담한 재난지원금을 포함해 원인 제공자인 한전에게 재난지원금을 청구할 수 있는지 ②원인 제공자의 책임 범위를 구체적인 사실관계를 바탕으로 확정하고 재난지원금의 전부가 아닌 일부만 청구할 수 있는지 ③행안부, 한전 등과 협의체를 구성해 재난지원금 청구 범위를 결정할 수 있는지 여부 등이었다. 감사원의 결론은 '3개 모두 가능'이었다. 당시 사전 컨설팅 결과가 담긴 문서를 보면 감사원은 구상권 소송보다는 당사자 간 대화와 협력을 통해 비용 청구 문제를 원만히 해결할 것을 권고했다. 강원도는 재난지원금 청구 주체인 행정안전부 등 중앙행정기관, 고성군 및 속초시, 원인 제공자로서 재난지원금 청구 대상인 한전 등과 공동으로 협의체를 구성해 청구 범위를 결정할 수 있다는 결론을 내렸다. 감사원은 추가로 덧붙였다. "법제처도 원인 제공자의 책임 비율이나 비용 부담 액수 등을 논의하기 위해 관련 당사자들이 협의를 거치는 것을 금지하지 않고 있다. 재난지원금 전액을 청구한 후 소송을 거쳐 액수를 확정할 경우 시간과 비용이 소요되는 등의 문제가 발생할 수 있으니 관련 당사자들이 임의로 협의체를 구성해 비용 청구에 관한 사항을 논의할 수 있고 당사자 간 대화와 협력을 통해 비용 청구 문제를 원만하게 해결하는 것이 바람직하다는 의견을 제시했다"

이재민들은 감사원의 검토 결과를 반겼다. 컨설팅 결과가 나올 즈음이었던 2020년 7월 말, 당시 지역 언론 보도를 보면 이재민들은 협의체를 구성해 청구 범위를 결정하게 되면 7개월 동안 지지부진했던 보상 문제가 급물살을 탈 것으로 기대했다. 하지만 이는 기대에 불과했다. 행안부의 구상권 청구 방침은 그대로였다. 행안부는 "사회 재난의 최초 구상권 청구 사례인 만큼 사법부의 최종 판단을 구할 수밖에 없다"는 입장이었다. 이재민 비대위는 수차례 행안부를 방문해 면담을 요청했지만 불발됐다. 고성산불비대위는 "감사원도 구상권 문제를 협의체를 통해 해결하는 것이 피해 주민을 위해 바람직하고 적극 행정 차원으로 생각한다고 정리해줬는데도 행안부는 이를 무시하고 구상권 청구 방침을 굽히지 않고 있다. 행안부가 구상권을 청구한다면 이재민 입장에서는 지원받은 것을 돌려줄 수밖에 없다"고 항의했다.

이재민들은 실제로 행동에 나섰다. 2021년 2월 23일 오전 강원도청 앞 광장에 대형 트랙터 14대가 세워졌다. 논과 밭에 있어야 할 대형 트랙터를 보고 지나가던 주민들은 "농민 단체 시위인가?"라고 했지만 트랙터에는 농림축산식품부가 아닌 행정안전부를 규탄하는 문구의 현수막이 걸려 있었다.

"국무총리님! 재난지원금으로 알고 받았는데 재난 구상금으로 주었다고 합니까?"

"재난지원금 줄 때는 쇼였구나!"

"국민은 개, 돼지냐!"

고성 산불 이재민들 중에서도 정부의 지원을 받아 트랙터를 구입한 농민들이었다. 이들은 트랙터 구입 비용(대당 6,000만~1억 원)의 상당 부분을 정부가 지원해 준다고 해서 트랙터를 구입했다. 하지만 정부가 구상권 청구 방침을 밝혀 구입비의 일부를 내야 하는 상황에 직면하자 "아예 트랙터를 정부가 갖고 가라"며 트랙터 반납 시위를 열었다. 트랙터를 구입한 28명 중 68세 이상을 제외한 14명이 참여했다. 트랙터 시위는 목숨을 건 시위였다. 이들은 트랙터를 끌고 전날인 2월 22일 미시령 휴게소 주차장에 모여 출정식을 갖고 시속 20㎞로 무려 10시간에 걸쳐 국도를 따라 춘천으로 왔다. 고속도로를 타면 2시간이 채 안 걸릴 거리였다. 구불구불한 도로, 언덕이 있어 자칫 교통사고가 날 우려도 컸다. 실제로 앞선 트랙터가 밀려 뒤에서 따라오던 트랙터들이 줄줄이 밀릴 뻔한 아찔한 상황도 있었다. 트랙터 14대가 한꺼번에 지나가며 탱크가 지나가는 것과 같은 소리가 들리자 주민들이 나와 쳐다보기도 했다. 인제군의 주민들은 음료수를 들고나와 격려하기도 했다.

∴ 정부의 구상권 철회를 촉구하며 고성 산불 이재민들이
2021년 2월 23일 강원도청 앞에서 벌인 트랙터 시위
(출처: 『강원일보』)

이재민들의 항의에도 불구하고 행안부의 구상권 청구 방침은 변함없었다. 결국 한전은 선제적으로 2021년 2월 춘천지법에 '채무부존재확인 소송'을 제기했다. 이로부터 5개월 후 반소(反訴·맞소송)인 정부가 한전을 상대로 제기한 비용상환청구 소송이 제기됐다. 고성 산불 구상권 소송이란 긴 터널은 그렇게 시작됐다. 이재민들은 보상금 전액을 구상권 소송이 완료된 이후 받을 수밖에 없는 상황이 됐다. 구상권 소송을 둘러싸고 이재민들과 행안부 사이의 소통은 없었다. 고성산불비대위 관계자들은 "구상권 소송이 무엇인지, 정부는 왜 제기할 수밖에 없는지 아무런 설명을 듣지 못했다. 이재민들이 겪은 혼란은 이루 말할 수 없었다"고 성토했다. 불만은 쌓이고 쌓여갔다.

2021년 2월부터 시작됐던 고성 산불 구상권 소송의 1심 선고 결과*는 2023년 7월 5일 춘천지법에서 나왔다. 2년 5개월 만이었다. 그 사이 거의 매월 고성에서 춘천을 오가며 재판을 지켜보았던 고성산불비대위 관계자들은 선고 당일 초조한 기색이 역력했다. 1심 재판부는 정부(피고·반소 원고)가 한전(원고·반소 피고)에 청구한 400억여 원 중 60억여 원만 인용했다. 춘천지법 민사2부는 한전이 정부(강원특별자치도, 고성군, 속초시 포함)를 상대로 낸 채무부존재확인 소송과 이에 대한 반소(맞소송)인 정부가 한전을 상대로 제기

---

* 춘천지방법원 2021가합30238(본소·채무부존재확인 소송), 30924(반소·비용상환청구 소송)

산불은 마을을 어떻게 바꿨나

한 비용 상환청구 소송에서 원고인 한전의 일부 승소로 판결했다.

1심 재판부는 우선 정부가 고성 산불 피해를 복구하며 지출한 비용 400억여 원 중 300억여 원에 대해서만 한전의 비용상환의무가 있다고 보았다. 재판부는 "자원봉사자를 위해 지출된 비용은 재난지원금이나 구호비용으로 볼 수 없고 생활안정지원금(교육비)과 임시주거시설 설치비용은 사회보장적 성격으로 원고(한전)가 피해 주민들에 대해 부담하는 손해배상 책임에 반드시 포함됐을 것이라고 판단하기 어렵다"며 비용상환청구 대상에서 전부 제외했다. 또 한전의 비용상환의무가 있는 300억여 원 중에서도 20%만 비용상환 책임이 있다고 보았다. 재판부는 "한전에 임시주거시설 설치 비용의 상환 책임까지 지우는 것은 가혹한 결과로 보인다"며 "한전이 산불 발생 이후 자체적으로 손해사정을 실시한 뒤 피해 보상금 약 562억 원을 지급한 사정 등을 종합해 비용상환 책임을 20%로 제한한다"고 판시했다. 정부의 청구 금액 대비 1심 재판부가 인정한 액수를 보면 사실상 정부의 패소였다. 행안부는 법과 원칙을 강조했지만 실익은 없었다. 오히려 2019년 산불 이후 1심이 선고되기까지 이재민들, 지역 사회가 겪은 혼란은 말할 수 없었다. 노장현 고성산불비상대책위원장은 정부를 성토했다. "행정안전부가 정책적으로 판단해야 하는 재량권이 있는 영역임에도 불구하고 끝까지 소송을 강행함으로써 혼란만 남겼습니다"

이재민들은 1심 선고 결과로 혼란이 끝나길 기대했지만 결과는 반대였다. 행안부는 곧바로 항소를 제기했다. 2023년 7월 25일 자 『강원일보』 1면에 이 소식이 전해진 아침, 고성산불비상대책위원회에는 "설마 했는데 충격적이다"는 이재민들의 전화가 빗발쳤다. 이재민들은 실망하고 분노했다. 1심에서 정부가 패소해 한전이 이재민들에게 지급하지 않고 묶어 뒀던 유보금이 풀릴 것이란 전망이 나왔지만 다시 불확실해졌기 때문이다. 이쯤에서 빨리 끝냈으면 했던 한전도 혼란스럽기는 마찬가지인 분위기였다. 결국 한전이 결단을 내렸다. 고성산불비상대책위원회와 한전이 다시 협상을 벌였고 1심 선고 결과를 토대로 보상 유보금을 일단 지급하기로 결정한 것이다. 정부의 항소로 재판 장기화는 불가피해졌지만 더 이상 지급을 미뤄서는 안 된다는 것에 공감대를 이뤘다. 한전은 1심 선고 결과가 나온 이후 6주 후인 8월 21일부터 산불 이재민 930명에 대한 피해 보상 유보금 173억 원을 순차적으로 지급하고 나섰다. 추석 전까지 매일 70명씩 유보금을 지급했다. 한전 측 관계자는 "산불 피해 보상 문제가 장기화되는 것은 막아야 한다는 경영진의 판단에 따라 결정을 내렸다"고 말했다. 이로써 피해 보상금 1,093억 원 중 173억 원이 산불 발생일로부터 4년 4개월여 만에 이재민들에게 돌아갔다. 확정판결이 아니라는 불확실성은 있었지만 고성산불비상대책위원회는 "한전이라도 결단을 내려 다행"이라고 말하면서도 행안부를 신랄하게 비판했다. "2019년 산불이 났을 때 대통령까지 내려와서 '정부가 도와줄 테

산불은 마을을 어떻게 바꿨나

니 걱정하지 말라'고 했어요. 그 결과가 4년 넘게 끌고 온 구상권 소송입니다. 수년간 지켜본 행안부는 딱 그 수준이었어요"

1심이 선고되고 5개월 정도 지난 2024년 1월 19일 항소심 결과*가 나왔다. 결과는 원고(한전) 전부 승소였다. 서울고등법원 춘천 재판부 민사2부는 "사회보장 부분에 대해서까지 비용 상환 청구권을 인정하는 것은 자기 책임의 원칙, 국가의 사회보장 증진 의무, 국가와 지자체의 재난으로부터의 국민 보호 의무 등에 반하므로 허용될 수 없다"는 판결을 내렸다. 앞서 1심 재판부는 "사회보장 성격의 재난지원금(학자금 면제, 자금 융자 등)에 대해서도 비용 상환 청구권이 발생한다"고 보고 원고 일부 승소로 판결했지만 항소심 재판부는 아예 구상권을 행사할 수 없다고 본 것이다. 항소심 재판부는 "재난지원금 중 사회보장 성격이 아닌 '대위변제 성격의 비용'에 대해서는 구상권을 행사할 수 있지만 정부가 그 액수를 정확히 가려내지 못했다"고 봤다. 특히 한전이 이미 이재민들에게 손해배상금을 모두 지급한 만큼 구상권을 행사할 수 없다고 판시했다. 또 "국가나 지자체가 언제든지 구상권을 행사할 수 있다면 재난의 원인 제공자로서는 신속한 보상을 할 필요가 없고 구상권 행사를 기다리는 도덕적 해이가 발생할 수 있다"고 지적했다.

---

* 서울고등법원 춘천재판부 2023나1611(본소 · 채무부존재확인 소송), 2023나1628(반소 · 비용 상환청구 소송)

동일한 법 조항(「재난안전법」제66조 제6항)을 놓고 1, 2심 재판부의 해석, 판단이 정반대로 엇갈릴 정도로 법적 근거는 모호했다. 구상권 청구에 대한 법적 근거와 행정부의 추진이 얼마나 허술한지를 보여줬다. 재난지원금 중 구상권 청구가 가능한 대위변제 성격의 비용을 정부는 충분히 가려내지도 못했다. 이런 상태에서 오로지 '법대로'만 강행한 것이다. 항소심 판결문에 따르면 중소벤처기업부 장관은 2020년 3월 31일 한전에게 소상공인 피해 복구를 위해 지원한 보조금에 대해 구상권을 행사하지 않겠다고 통지했다. 똑같은 이재민을 두고도 정부 부처끼리도 방침은 엇갈렸다. 법 집행의 일관성도 없었다. 고성 산불 소송은 2024년 2월 결국 대법원으로 넘어갔다. 행안부와 강원도 등은 "사회 재난 분야 구상권 청구 첫 사례인 만큼 사법부의 최종 판단을 구할 수밖에 없다"며 상고장을 제출했다.

　이재민들은 "대통령까지 다녀가며 '정부를 믿으라'고 했지만 관료 조직이 이재민들을 위해 결단을 내린 것은 없었다"고 말했다. 구상권 청구는 이재민들에게는 행정의 일관성, 재난 구호 원칙을 잃은 모순으로 여겨졌다. 무엇보다 이재민들의 고통에는 무심한 채 실익 없는 원칙만을 강조하는 차가움으로 다가왔다. 이재민들은 "나중에 본인(공무원)들이 다칠까 두려워 법대로 하는 것 같다"고 말하기도 했다. 소통 없이 법 집행을 강조하는 정부는 이재민들에게는 '표정 없는 관료주의'일 뿐이었다.

5장.

소외되는
사람들

전파, 반파, 소파

'호부호형(呼父呼兄)' 아버지를 아버지라 부르고 형을 형이라 부른다는 의미의 말이다. 이 당연한 말도 조선 시대 서자(庶子)들에게는 허락되지 않았다. 도심형 산불 발생 이후에도 호부호형도 못하는 서자와 같은 이들이 생겼다. 바로 소파(小破) 피해자들이었다. 산불로 건물이 불에 타 많게는 수억 원의 재산 피해를 입었지만 이재민으로 불리지 않았다. 구호품으로 물 한 병, 양말 한 켤레도 받지 못했다. 물론 모든 소파 피해자들이 이런 것은 아니었다. 강릉시에 따르면 2023년 4월 강릉 산불로 발생한 소파 피해 세대는 94세대였고 대부분은 피해가 경미했다. 하지만 10여 명은 소파로 분류된 피해 조사 결과를 받아들일 수 없어 별도로 소파분과위원회를 만들어 비상대책위원회 활동을 했다.

강릉 저동에서 펜션을 운영하는 전인집(66) 씨도 그중 한 명이었다. 그는 산불 발생 이후 국민신문고를 두드렸다. 3층짜리 펜션 중 2층에 산불이 옮겨붙었다. 유리가 깨져 창틀이 녹아내리고 전기 시설, 집기류 등이 모두 불에 타 수리비 견적만 1억 원이 나왔다. 하지만 전 씨는 소파로 분류돼 재난 지원금을 받을 수 없었다. 그나마 화재 보험에 가입돼 있어 보험금으로 수리비의 80%는 마련할 수 있었지만 나머지 20%는 고스란히 대출을 받아 스스로 마련해야 했다. 전 씨는 억울함을 토로했다. "피해는 입었는데 이재민은 아니라니 기가 막힐 뿐입니다. 소파라는 말이 '파손됐다'는 의미인데 왜 지원 대상에서 제외되나요?"

∴ 전인집 씨 피해 펜션

전 씨가 국민신문고를 통해 낸 민원에 강릉시 건축과가 보낸 답변은 한마디로 '법대로 했을 뿐'이었다. 소파로 분류된 이유는 다음과 같았다. 산불은 「재난 및 안전관리 기본법」에 따라 사회 재난으로 분류되고 '사회 재난 구호 및 복구 비용 부담 기준 등에 관

한 규정'을 따라 생활안정지원 중 주거비가 지원된다. 이때 주거
비 지원 대상은 ①주택이 파손되거나 유실된 사람 ②사회 재난으
로 피해가 예상되어 주거하던 곳에서 주거가 불가능하게 된 사람
③재난 수습을 위해 거주지에서 이주하게 된 사람이다. 세부사항
은 「생활안정지원 및 피해 수습 지원 실시 요령」에 나와 있는데 주
거비는 직접 주거용으로 사용 중이던 주택이 '전파 또는 반파'되거
나 '유실되어 거주가 불가능한 경우'에 지급된다. 여기서 전파 또
는 반파의 의미는 다음과 같다.

  □ 전파: 기둥 · 벽체 · 지붕 등의 주요 구조부가 파손되어 개축하지
    않고는 사용이 불가한 경우
  □ 반파: 기둥 · 벽체 · 지붕 등의 주요 구조부가 파손되어 수리하지
    않고는 사용이 불가한 경우

전파는 주거비로 4,000만 원, 반파는 2,000만 원을 각각 지원받
는다. 전 씨의 경우 기둥, 벽체, 지붕이 남아 있다는 이유로 전파,
반파에 포함되지 않고 소파로 분류된 것이다.

더 기막힌 사례도 있었다. 집안 대대로 내려온 저동 땅에 2016
년 전원주택을 지은 조정희(51) 씨. 내진 설계를 해 구조물이 튼튼
하고 붉은색 기와지붕이 있었다. 소나무 숲 사이 오솔길로 아침저
녁마다 산책을 다니며 이웃들과 인사를 나눈 평온한 전원생활이

었다. 이 집에서 태어난 딸이 자라 유치원에서 졸업할 예정이었던 2023년의 봄에 산불이 났다. 뒷산과 맞닿은 벽체가 모두 불에 탔다. 정면에서 보면 집은 멀쩡해 보였지만 실내는 거주 불가능한 상태였다. 불이 유리창을 깨고 들어와 그을음, 냄새가 매우 심했고 지붕을 뜯어보니 단열재는 모두 불에 탔다. 수리비 견적만 1억 8,000만 원이 나왔다. 차라리 집을 새로 짓는 게 나은 상황이었다. 하지만 조 씨는 1차 피해 조사(강릉시 주관)에서는 '반파'로 분류됐지만 2차 피해 조사(강원도·강릉시 합동)에서는 '소파'로 분류됐다. 이렇게 결과가 바뀐 것도 나중에야 알았다. 결국 소파로 분류된 조 씨는 구호품 하나 받지 못했고 주거비 지원도 받지 못했다. 국민 성금으로 500만 원을 지원받은 것이 전부였다.

∴ 산불에 탄 조정희 씨 주택

전인집 씨와 마찬가지로 조정희 씨도 벽체, 지붕 등이 남아 있다는 이유로 전파, 반파 어디에도 포함되지 못했고 임의적인 소파로 분류됐다. 조 씨는 "기막히고 억울할 뿐"이라며 피해 조사를 맡은 지자체에 수개월에 걸쳐 항의했다. 매일 술에 의존할 만큼 심리적으로 힘들었다. 이미 결정된 행정 결과를 뒤집는 것은 어려운 일이었다. 강릉시는 "다른 소파 피해자들과의 형평성을 고려해 번복은 어렵다"는 입장만을 고수했다. 산불이 발생하고 6개월이 지난 2023년 11월 23일 조정희 씨의 저동 집터에는 잡초만 자라고 있었다. 시어머니를 모시고 살던 집은 철거 됐지만 조 씨는 임시조립주택이나 임대주택은 지원받지 못했다. 그는 친정집에서 머물고 있었다. 복구비는 화재 보험금을 제외하면 전액 자력으로 마련해야 했고 결국 친척들의 도움을 받았다.

억울함은 한순간에 불신으로 바뀌었다. 소파분과위원회의 피해자들은 하나같이 "집주인의 입회 없이 이뤄진 조사가 정당한가"라고 되물었다. 조사 과정의 투명성에 대해 의구심을 제기했다. 또 자신의 피해 사실을 설명할 기회도 없었고 조사 결과도 통보받지 못했다고 지적했다. 수천만 원, 수억 원의 재산이 뒤바뀌는 조사인데 이의제기 기간도 없었다고 성토했다. 한번 '소파'로 내린 피해 조사 결과는 바꾸지도 못했다. 비상대책위원회와 소파 피해자가 지속적으로 문제를 제기하자 강릉시는 피해 정도가 심각한 소파 피해자를 반파로 조정하는 안도 검토했지만 이뤄지지는 않았다. 다른 소파 피해자들의 항의가 나올 수 있었기 때문이다.

소파뿐만 아니라 전파 피해자들 사이에서도 갈등의 불씨는 생겼다. 7년 전에 지은 펜션 건물이 전파 피해를 입은 김윤택(66, 가명) 씨는 산불 발생일로부터 7개월이 지난 11월에 만났을 때 "괜히 헐었다"고 말했다. 내진 설계까지 돼 있어 철거 기간만 꼬박 일주일이 걸렸다. 당시 철거를 맡은 업체 관계자들도 "아까운 건물을 왜 허느냐"고 말했다. 김 씨는 "산불 발생 직후 경황도 없었고 시청에서 철거비 지원을 안내해서 반드시 철거해야 하는 줄 알았다"고 말했다. 김 씨가 후회하는 또 다른 이유는 '철거를 하지 않은 전파 피해자'가 있었기 때문이다. 안전 진단을 받고 리모델링을 해서 영업 재개를 준비하는 사례였다. 이처럼 산불이 발생하고 6개월이 지났을 때 경포 이재민들 사이에서는 '전파, 반파, 소파'를 두고 말이 많이 나오는 분위기였다.

∴ 김윤택(가명) 씨 펜션

그동안 산불은 보통 도심이 아닌 농촌 지역에서 많이 발생했다. 목조 주택이 많았고 이럴 경우 전파와 반파로 나누는 과정과 결과는 크게 문제 되지 않았다. 하지만 강릉 산불과 같은 도심형 산불은 달랐다. 철근 콘크리트 건물이 많았고 주요 구조물은 거의 파손되지 않는 경우도 많았다. 건물 구조는 남아 있어도 불길이 창문을 뚫고 들어가면 실내는 크게 망가진다. 그럼에도 불구하고 정부의 지침 자체가 주요 구조물 파손을 기준으로 분류하다 보니 실제 입은 피해를 인정받지 못하는 사각지대가 나왔다. 철근 콘크리트 건물의 산불 피해 정도를 전파, 반파, 소파로 나누는 과정은 애매했다. 소파 피해자의 수리비가 1억 원 이상씩 나와 오히려 반파 피해자보다 많은 사례도 나왔다. 강릉산불비상대책위원회는 강릉시청에 소파 피해 인정을 공식적으로 건의했다. 이에 대해 강릉시 관계자는 "소파 판정을 받은 분들 뵈면 안타까울 때가 있다. 당연히 사연을 들으면 공감된다"고 말했다. 하지만 "우리는 공무원으로서 지침대로 할 뿐"이라고 덧붙였다.

어느 청년 사업가의
눈물

∴ 산불 피해로 펜션 사업을 중단하고 실내 포장마차를 시작한 이기동 씨

경기도를 떠나 아무런 연고가 없는 강릉 경포에 정착했던 이기동(36) 씨. 여행 올 때마다 강릉이 좋아 아내와 함께 아예 정착하기로 결심했다. 생업으로 사근진해수욕장 인근에서 애견 동반 펜션을 시작했다. 지은 지 20년 이상 된 노후 건물을 손수 리모델링 해서 만든 펜션이었다. 보증금과 리모델링 비용을 마련하기 위해 전세금을 빼서 썼다. 공임료를 한 푼이라고 아끼기 위해 대부분의 리모델링 작업은 이기동 씨가 직접 했다. 전체 10실 중 9실은 객실이었고 나머지 1실은 살림집으로 쓰고 있었다. 이 씨는 삶에 만족스러웠다. "강릉이 좋아 매년 찾았는데 정착해서 좋았고요. 손님들이 펜션 이용 후기를 좋게 남겨주실 때마다 보람도 컸어요"

행복은 3년이 채 지나지 않아 사라졌다. 2023년 4월 11일 산불로 펜션 건물이 모두 불에 탄 것이다. 부부는 당시 긴박했던 상황을 떠올렸다. "불이 산에서 내려오는 것이 보여 투숙객부터 대피시켰어요. 그리고 서둘러 동네를 뛰어다니면서 어르신을 피신시켜 드렸죠. 한 10여 명을 도운 거 같아요. 마지막 어르신이 대피하시는 것을 보고 차를 타고 우리 부부도 탈출했습니다" 산불 피해로 경황이 없던 와중에도 이 부부는 대피소인 아레나에서 이재민들의 빨래를 돕는 봉사활동을 했다. 특수 세탁 차량을 통해 이재민들의 의류 등을 세탁·건조하고 개어 돌려주는 작업에 참여했다. 대피소에 있는 고령의 노인들이 불편하거나 필요한 것은 없는지 돌보는 것도 부부의 주요 일과였다. 이 부부의 사연은 당시 많은 언론을 통해 소개됐다. 부부는 인터뷰에서 말했다. "다 같이 침울하면 안 되겠다는 생각으로 저라도 웃으려고 합니다. 불이 난 것은 난 것이고 지금은 회복이 가장 시급하니까 어떻게든 함께 버티고 오며 가며 마주칠 때 미소라도 지어주는 것이 서로를 위한 방법일 것 같아요"

　이렇게 애썼던 30대 부부는 복구 과정에서 정작 자신들은 도움을 받지 못했다. 소외와 홀로서기의 연속이었다. 고령의 건물주는 자금 마련이 부담스러워 복구를 포기했다. 돌려받은 보증금 정도로는 다른 건물을 빌려 꾸미고 새로 사업을 할 수도 없었다. 산불이 나기 전에 이기동 씨는 '펜션 사장님'이었지만 산불 복구 과정에서는 '세입자'로 분류될 뿐이었다. 세입자에게 지원된 주거비는 900만 원 정도. 월세방에서 살던 사람들에게는 큰돈이었지만 이 씨처럼 투자금이 있는 세입자들은 만족하기 어려웠다. 그럼에도 불구하고 모두 똑같은 세입자로 분류될 뿐이었다. 조금이라도 이런 처지를 알아주길 바랐던 이 씨는 청년 자영업자들을 모아 비상대책위원회 중 세입자분과를 구성했다. 이들은 '강릉 산불의 최대 피해자는 사람입니다' '거주자의 생존권을 보장하라'는 현수막을 내걸었지만 귀를 기울이는 사람은 아무도 없었다. 지자체는 지역 소멸을 막기 위해 청년 인구 정착 확대에 나선다고 늘 목소리를 높였어도 정작 이 씨처럼 외지에서 온 청년 자영업자들의 재난 피해 복구에는 관심을 갖지 않았다.

당장 생계가 막막했던 이 씨는 실내 포장마차를 개업했다. 대학
에서 기계 설계를 전공했지만 아무런 경력도 없이 중소기업에 신입
사원으로 취업을 하기에는 늦은 나이였다. 자영업을 벗어날 수 없
었다. 경포 인근에 낡은 건물 2층을 빌렸다. 월세(月貰)가 아닌 연세
(年貰) 개념으로 1,300만 원을 건물주에게 냈고 보증금은 2,000만
원 정도 들었다. 실내 포장마차도 이 씨가 직접 인테리어를 했다.
이번에는 공임료를 아끼기 위해서가 아니었다. 공임료를 낼 돈이
없었다. 천장에 신문지와 양철 지붕을 붙여 복고풍 분위기를 연출
해 내는 모든 과정이 이 씨의 손을 거쳤다. 강릉의 최저 기온이 영
하 11도, 낮 최고기온은 영하 3도였던 2023년 12월 21일에는 수
도관이 터졌고 이 씨는 직접 고쳤다.

산불은 마을을 어떻게 바꿨나

장사는 현상 유지 수준일 뿐이었다. 저녁 7시에 장사를 시작해 새벽 4시까지 일해도 평일에는 손님이 거의 없었다. 여름철 성수기가 끝날 무렵 홍보를 할 겨를도 없이 개업했고 이후에는 비성수기였기 때문이다. 이 씨와 같은 처지의 산불 이재민들이 간간이 들르는 공간이었다. 같은 처지를 놓고 소주잔을 기울이는 경우가 많았다. 이 씨도 마찬가지였다. "애견 동반 펜션을 오픈하는데 들어간 비용이 1억 원 이상이에요. 그런데 어디에서도 인정도, 도움도 받지 못했어요. 차라리 어르신들 대피시키지 않고 내 물건 하나 더 챙겨왔으면 나았을까 싶을 정도로 답답하고 억울합니다" 소상공인 대출 지원은 있었지만 원금과 이자를 감당할 자신이 없어 신청도 하지 못했다.

이 씨는 산불이 나기 전에는 금연에 성공했다. 하지만 복구 과정에서 다시 담배를 피우기 시작했다. 하루에 3~4갑씩 피웠다. 임대 아파트에 거주 중이지만 그는 "내 집에서 사는 것 같지 않아 잠도 안 온다"고 말했다. 매월 말이면 '카드값을 갚을 수 있을까' 걱정해야 하는 상황이었다. 이 씨는 하루에 3~4시간 정도밖에 잠을 자지 못했다. 낮에는 일어나서 강릉시자원봉사센터, 경포 청년들과 함께 임시조립주택에 거주하는 이재민들을 위해 봉사활동을 하는 것이 일과였다. 조명등을 달아주는 봉사, 난방용품을 나눠주는 봉사활동 등이었다.

이기동 씨가 느끼는 괴로움은 또 하나 있었다. "같은 산불 이재민이지만 세입자는 눈치를 봐야 해요. '건물주가 아닌데 너희가 피해를 입은 것이 무엇이 있느냐'는 시선을 느낄 때가 많았죠. 당장먹고사는 게 문제일 뿐인데 말이에요" 이들이 산불이 나기 전에는 '펜션 사장님'이었다는 것은 아무도 관심을 가지지 않았다. 오히려 "성금을 더 받으려고 저런다"며 수군거리기도 했다. 이 씨에게는 큰 상처였다.

2023년 강릉 경포 산불 국민 성금 지급표

유형	피해 정도	성금 지급액
주택	전파	
	20평 미만	5,000만 원
	20~25평 미만	6,500만 원
	25~30평 미만	8,000만 원
	30~35평 미만	9,500만 원
	35평 이상	1억 1,000만 원
	반파	
	20평 미만	2,500만 원
	20~25평 미만	3,250만 원
	25~30평 미만	4,000만 원
	30~35평 미만	4,750만 원
	35평 이상	5,500만 원
세입자	세입자	1,500만 원
소상공인 ※부가세 3년 평균	연매출액 5,000만 원 미만	2,000만 원
	연매출액 5,000만 원~1억 원 미만	3,000만 원
	연매출액 1억 원~3억 원 미만	4,000만 원
	연매출액 3억 원 이상	5,000만 원
소파		500만 원

산불은 마을을 어떻게 바꿨나

도심형 산불은 주민들을 갈기갈기 갈라놓았다. 재산 피해 유형과 정도에 따라 모두 갈라졌다. 2019년 고성 산불은 '한전과 합의한 이재민(고성산불비상대책위)'과 '한전과 합의를 거부한 이재민(4·4산불비상대책위원회)'뿐만 아니라 '소상공인 비상대책위원회' '산림 비상대책위원회' 등으로도 나뉘었다. 사유림 산주들은 한전을 상대로 별도로 소송*을 제기했다. 2023년 강릉 산불에서는 '세입자분과'도 구성됐다. 2019년 고성 산불 비대위, 2023년 강릉 산불 비대위의 위원장들 하나같이 말했다. "재산권을 둘러싼 이재민들의 생각이 저마다 달라 갈라질 수밖에 없어요. 각자도생이에요" 이재민들은 각자 살길을 찾아 갈라지고 또 갈라질 뿐이었다. 아무런 중재 역할을 맡는 곳은 없었다. 한번 갈라지고 난 이후에는 화해하거나 다시 화합할 기회는 두 번 다시 없었다.

---

*   1심 선고 결과(춘천지방법원 속초지원 2020 가합 20035, 20929병합)는 다른 소송들과 마찬가지로 2023년 9월에야 나왔다. 재판부는 산림 소유주 40명이 한국전력공사를 상대로 낸 손해배상 청구 소송에서 원고들이 청구한 159억여 원 중 9억 8,000여만 원만 인용했다. 원고(산주 이재민) 측은 소나무가 조경수로 관리돼 왔으니 손해액 산정은 조경수 가액을 기준으로 평가함이 타당하다고 주장했다. 반면 한전은 소나무가 조경수로 관리되지 않았으므로 용재림(재목을 이용할 목적으로 가꾸는 나무숲)을 기준으로 가액을 산정해야 한다는 주장을 폈다. 재판부는 산불에 탄 나무가 조경수로서 가치를 가졌다고 인정하기 어렵다고 판단해 소나무 가액을 조경수가 아닌 용재림 가격을 기준으로 함이 타당하다고 판단했다.

가슴에 꽂힌
비수

　　"산불은 자연 재난 아닌가요?" 대형 산불 피해를 겪어보지 않은 비(非) 이재민들이 쉽고 흔하게 하는 말이다. 봄이 되면 어김없이 부는 강풍을 타고 빠르게 확산됐으니 자연 재난이 아니냐는 것이다. 하지만 「재난 및 안전관리 기본법」에 따르면 산불은 '사회 재난'이다. 화재뿐만 아니라 붕괴, 폭발, 교통사고, 환경오염 등으로 인한 피해 등 41개 유형의 재난이 사회 재난으로 분류된다. 사회 재난의 가장 중요한 특성 중 하나가 '사고 원인자의 존재'이다. 사법 절차 등에 따라 피해 복구나 보상 문제 등이 해결된다. 지난 30년간 강원지역에서 발생한 대형 산불(27쪽 표 참조)만 봐도 쉽게 알 수 있다. 1996년부터 2023년까지 발생한 33건의

　　　　　　　　　　산불은 마을을 어떻게 바꿨나

대형 산불을 원인별로 보면 입산자 실화, 쓰레기 소각, 담뱃불 실화 추정, 전기적 요인, 방화, 화목 난로 불씨 등이었다. 모두 인위적인 요인이었다.

재난의 유형

유형	정의
자연 재난	- 태풍, 홍수, 강풍, 풍랑, 해일, 대설, 낙뢰, 가뭄, 지진, 황사, 적조, 그 밖에 이에 준하는 자연 현상으로 인해 발생하는 재해
사회 재난	- 화재(산불 포함), 붕괴, 폭발, 교통사고, 화생방사고, 환경오염사고, 그 밖에 이와 유사한 사고로 발생하는 대통령령으로 정하는 규모 이상의 피해 (인적 재난) - 에너지, 통신, 교통, 금융, 의료, 수도 등 국가기반체계 마비와 「감염병의 예방 및 관리에 관한 법률」에 따른 감염병 또는 「가축전염병예방법」에 따른 가축전염병 확산 등으로 인한 피해(사회적 재난)

이렇듯 엄연히 원인자가 있는데 바람이 원인이 아니냐고 한다면 이재민들의 가슴에 비수를 꽂는 것과 다름없다.

"산불이 자연 재난이 아니냐는 말을 들으면 피가 거꾸로 솟아요. 원인 제공자가 있는데 어떻게 자연 재난입니까?? 어느 외지인이 산불 피해지 현지 조사를 한답시고 마을에 와서 나에게 이런 질문을 하는데 당장 나가라고 내쫓았어요"

"정치인이란 사람이 어떻게 이재민에게 와서 '산불은 자연 재난'이란 말을 합니까. 멱살 잡고 싶었는데 겨우 참았어요"

"산불이 전신주 관리 소홀로 발생했어도 크게 번진 것은 강풍 때문이다? 그건 한전 측 논리예요. 우리는 절대 인정할 수 없습니다"

2019년 고성 산불 피해 이재민들이 인터뷰 중에 한 말들이다. 이들은 '산불은 자연 재난'이란 말을 꺼내면 언성을 높이고 격앙됐다. 열이면 열 그랬다. 산불 이재민들은 원인자에 대한 책임 규명과 처벌까지 원했다. 이런 상황에서 이재민들에게 "산불은 자연 재난 아니냐"고 한다면 불난 집에 기름을 붓는 것과 다름없다. '산불은 사회 재난'이라는 기본 인식이 없다면 이재민들의 이런 분노를 이해하지도 못한다. 하지만 산불 원인자에 대한 책임 규명, 처벌은 매우 어려워 계란으로 바위 치기였다. 이재민들은 이 과정에서 마음에 상처를 입고 갈등을 겪기도 한다.

⁂ 2023년 강릉 산불 피해 이재민들이 건 현수막

산불은 마을을 어떻게 바꿨나

'한국 전력, 너희 때문에 불났는데 찾아오지도 않느냐!'

2023년 4월 11일 강릉 산불이 발생한 이후 피해지 곳곳에는 이런 문구가 적힌 현수막이 걸렸다. 한전을 규탄하는 내용이었다. 강릉 산불의 원인은 2개월 정도 지나서 국립과학수사연구원(이하 국과수)에서 나왔다. 강원경찰청이 의뢰한 내용에 대해 국과수는 여섯 줄 분량의 감정 결과를 내놓았다. 감정서는 짧고 단순했다.

□ 사건 개요
- 2023. 4.11 08.30경, 강원도 강릉시 시루봉길 158-38(난곡동) 인근 야산에서 강풍으로 인해 소나무가 부러지면서 인근 전봇대 운정간 L33-L34 사이 전선을 충격하여 이탈된 전선이 소락되면서 주변에서 화재가 발생한 것임
□ 감정물 -증 2호: 데드앤드클램프 및 전선
□ 감정 사항 -전선의 파단 원인
□ 감정 요약 -전선은 하중에 의해 연신되며 파단된 것으로 보임

강풍으로 소나무가 부러지면서 전봇대 전선 사이를 끊었고 이로 인해 화재가 발생한 것이란 의미다. 이는 산불 발생 당일부터 언론을 통해 보도됐던 내용이었지만 강릉산불비상대책위원회는 국과수 감정 결과에 안도하는 분위기였다. 공식적으로 인정된 결론이 나와 한시름 놓았다. 하지만 산불 발생 원인에 대한 책임을 두고는 이재민과 비(非)이재민의 해석은 엇갈렸다. 산불 피해를 직접

겪지 않은 주민들은 '강풍으로 소나무가 부러지면서'에 더 주목했다. 주민들은 "바람에 쓰러진 나무가 전선을 쳐 불이 나고 바람을 타고 번졌는데 왜 한전에 책임이 있느냐"는 여론이 많았다. 강릉 산불비대위가 내건 현수막 문구에도 고개를 갸우뚱하는 분위기였다. 혹은 이재민들의 고통은 이해해도 법적으로 책임을 묻기는 어려울 것이란 우려를 보였다.

반면 이재민들은 '끊어진 전선'에 더 초점을 맞췄다. 최양훈 강릉산불비상대책위원장은 "강풍에 가게 간판이 날아가서 지나가던 사람 머리를 쳤다고 합시다. 누구에게 책임을 당장 물을 것인가요? 가게 주인이 나와서 사과라도 해야 정상 아닌가요?"라고 되물었다. 최 위원장을 비롯한 이재민들은 한전에 대한 손해배상청구 소송을 준비해 나갔다. 펜션 피해를 입은 한 30대 이재민은 한전에 대한 분노 때문에 잠을 자지 못한다며 "한전을 죽이거나 내가 죽고 싶다"고 말했다. 강릉경찰서는 강릉시청의 산림 특별사법경찰관에게 사건을 넘겼다. 강릉시 산림 특사경은 1명이 전부였고 해가 바뀌도록 수사는 진행 중일 뿐이었다.

산불이 발생하고 한 달 뒤인 2023년 5월 한국전력공사 강원본부가 주관하는 기자간담회가 열렸다. 강원본부의 현안을 설명하기 위해 만든 자리였지만 기자들의 관심사는 온통 강릉 산불 발생 책임론에 대한 한전의 반응에 맞춰져 있었다. 한전 강원본부는 "2019년 고성 산불과 2023년 강릉 산불은 원인이 다르다"고 주장했다. 고성 산불은 수사와 재판 과정에서 전신주 하자로 인해 강풍에 전선이 끊어져 산불이 발생한 점이 인정됐지만 강릉 산불은 전신주와 10m가량 떨어져 있는 나무가 강풍에 부러지면서 전선을 건드려 본질이 다르다는 것이다. 한전의 입장과 무관하게 이재민 비상대책위원회의 분노는 쌓여갔다. 어쨌든 전선으로 산불이 났는데 한전이 나 몰라라 한다는 것이었다.

이런 기류는 8월 들어 바뀌었다. 2023년 8월 18일 한전 강릉지사의 지사장 등 간부 3명이 비상대책위원회를 방문했다. 이재민 50여 명이 모였다. 강릉지사장은 말을 아꼈다. "저희가 강릉시를 담당하고 있어 찾아뵙고 인사드리는 게 도리인 거 같아서 찾아왔습니다. 산불 유족과 이재민들에게는 안타까움을 금할 길이 없습니다. 산불 원인은 수사 중인 상황이어서 조심스럽습니다" 약 1시간여 진행됐지만 이재민들이 요구하는 보상, 위로금 지급, 협의체 구성 등은 일절 없었다. 말 그대로 '인사차' 이뤄진 방문이었을 뿐이었다.

이재민들은 '강풍에 쓰러진 나무'에도 책임론을 제기했다. 저동과 난곡동은 산은 야트막 하지만 소나무는 컸다. 아파트 5~6층 높이 정도였다. 전선 주변의 이런 소나무를 정리하지 않았다는 것이었다. 현행 「전기사업법」 87조에 따르면 전선과 식물 간 이격거리* 내 수목벌채 및 전지 작업을 시행 하도록 돼 있다. 실제로 산업

---

* 전압별 기준 이격거리: 22.9kV(1.5m), 154kV(3.2m), 345kV(5.48m), 765kV(10.52m)

통상자원부와 산림청, 한국전력공사는 2023년 4월 27일 전력망 인근 산불 방지 및 산림 보호를 위한 업무 협력 간담회를 개최했다. 산업부, 산림청, 한전은 앞으로 기관 합동으로 산불 재난 대응 협력 체계 구축을 통해 산불 예방에 나서겠다고 밝혔다. 그러면서 우선 단기 대책으로 대규모 송전 선로가 통과하는 강원 영동 6개 시·군을 수목에 의한 전기 설비 화재 위험 집중 점검 지역으로 선정했다. 이 지역을 통과하는 전력선 인근의 위험 수목을 대대적으로 재점검하고 소유주 동의와 벌채 작업을 동시에 진행하기로 했다. 하지만 이재민들은 "불에 이미 다 탔는데 이제 정리하면 뭐 하냐"고 울분을 토했다.

산불은 발생 원인의 책임을 규명하기도 어렵지만 원인자를 붙잡는 것도 쉽지 않다. 산불을 일으킨 가해자를 검거한 비율은 사건 발생 대비 절반도 안 된다. 산림청의 산불 가해자 검거 현황 자료에 따르면 2011~2020년 10년 동안 474건의 산불 가운데 검거된 가해자는 197명뿐이었다. 검거율은 41.7%였다. 산불을 내고도 10명 중 6명은 아무 일 없었다는 듯 지낸다는 얘기다.

∴ 강릉 산불 피해지 전신주에 인접한 나무들

설령 원인자가 밝혀져도 법적 책임을 묻는 것은 어렵다. 수사를 거쳐 정식 재판으로 넘겨진 2019년 고성 산불의 사례가 그랬다. 춘천지법 속초지원은 2022년 2월 17일 업무상 실화, 업무상 과실치상, 산림보호법 위반 등 3개 혐의로 기소된 전·현직 한전 관계자 7명에게 무죄를 선고*했다. 재판부는 "하자로 인해 전선이 끊어져 산불이 발생한 점은 인정되지만 검사가 제출한 증거만으로는 업무상 과실로 인해 전선이 끊어져 산불이 발생했다고 인정하기 부족하다"고 보았다. 또 전신주 하자 및 하자로 인한 단선 여부에 대해서도 "데드엔드클램프에 스프링 와셔가 빠져 있었던 설치상의 하자가 존재했고 그로 인해 체결부의 유지력이 저하돼 너트가 풀리게 됐으며 이와 같은 상태에서 바람 등에 의한 진동으로 전선이 미끄러져 전선에 마모 피로가 발생해 단선이 발생했다"면서도 "검사가 주장하는 나머지 하자들은 증거가 부족하다"고 인정하지 않았다. 재판부가 인정하지 않은 하자는 데드엔드클램프 커버 부분 파손과 절연 테이프 미시공으로 인한 단선 발생, 데드엔드클램프로부터 나오는 전선의 90도 꺾임 현상, 사건 전신주의 노후화, 사건 전신주의 설치 위치 등이었다. 한전 직원들의 주의 의무 위반, 하자 방치 등에 대해서도 "안전 검사를 잘못 수행했다는 과실이 있다고 보기에 증거가 부족할 뿐 아니라 전주 위치 때문에

---

*   춘천지방법원 속초지원 2021고합4

전선이 단선됐다고 볼 수 없고 경과지 변경(전주 이전) 공사가 지연된 것과 산불 발생 사이에 상당한 인과관계가 있다고 보기도 어렵다"고 판시했다.

이재민들은 강력하게 반발했지만 1심은 그렇게 끝났고 2심*도 마찬가지였다. 항소심에서 검찰은 원심이 한전 측 과실로 인정했던 스프링 와셔 시공 하자를 언급하며 하자와 산불 간 인과관계가 있음을 주장했다. 또 경주 마우나 리조트 붕괴사고 사건 판례를 들어 "안전관리 업무와 관련한 명시적인 규정이 없더라도 동해안에 매년 국지적인 강풍인 양간지풍이 부는 점을 고려하면 전선관리 업무가 필요하다는 점이 도출된다"는 주장을 폈다. 한전 측은 이 사건이 강풍으로 인한 자연재해적 성격이 짙음을 강조했다. 산불 발생 이전부터 문제의 전선이 90도 꺾여 있었다고 볼 객관적인 자료가 없고 꺾였더라도 전신주의 하자로 볼 수 없다고 반박했다. 그러면서 "국가, 지자체, 한전이 합심해서 피해를 회복하고 제도 보완으로 해결할 문제이지 한전 직원들을 단죄하는 것이 능사는 아니다"라는 주장을 폈다.

서울고법 춘천재판부 형사1부는 2023년 1월 11일 전·현직 한전 직원들에게 무죄를 선고했다. 항소심 재판부는 "전선이 90도 꺾여 있었다고 인정하더라도 피고인들이 업무상 주의 의무를 위

---

* 서울고등법원 춘천재판부 2022노36

반했다는 것이 합리적인 의심 없이 증명되지 않았다"고 판단했다.
이 판결은 2023년 10월 18일 대법원에서 확정됐다. 대법원 선고[*]
직후 고성 및 속초지역 이재민들은 분노했다. "과실은 인정되는데
책임은 없다는 것이 말이 되나요?" "사법부는 한전에 면죄부를 줬
지만 우리는 죽는 날까지 한전을 원망할 겁니다"

   이재민들의 가슴에는 응어리가 맺혔다.

---

[*] 대법원 2023도1620

인사도 안 하던
사이

** 2022년 동해안 대형 산불을 낸 방화범의 자택

산불은 마을을 어떻게 바꿨나

'부탄가스 토치, 방화, 산불'

2022년 3월 5일 강릉, 동해 일대 축구장 5,800개 면적(강릉 1,900 ha·동해 2,100ha)을 태운 동해안 산불의 키워드다. 산불 발생일로부터 일주일이 지난 3월 11일. 불길이 시작됐던 강릉시 옥계면 남양 2리에는 불에 탄 어느 주택 주변으로 폴리스 라인이 쳐져 있었다. 해당 주택의 바로 뒤편에는 2차선 도로와 야산이 있었다. 이곳에서 시작된 불은 도로를 건너 야산으로 번지고 2개 지역의 주민들을 90시간에 걸쳐 공포에 떨게 만들었다.

이 산불은 어떻게, 왜 발생했던 것일까. 2022년 3월 5일 새벽 1시 무렵. 사건 주택에서 80대 노모와 함께 살고 있던 A(62) 씨는 주택 방과 주방 바닥에 등유 20ℓ와 휘발유 10ℓ를 뿌렸다. 평소 보일러와 예초기에 사용하기 위해 보관 중이었던 기름이었다. A 씨는 부탄가스 토치를 들고 불을 붙였다. 주택 전체로 불이 옮겨붙었다. A 씨의 방화는 여기서 멈추지 않았다. A 씨는 부탄가스 토치와 손도끼를 들고 인근에 있는 B 씨의 빈집으로 향했다. 약 30분 뒤 이곳에도 불을 붙였다. 또 1시간 뒤인 새벽 2시 40분경에는 C 씨의 집에 이르렀다. 대문을 열고 들어가 거실 유리창 앞까지 들어간 다음 손도끼로 유리창을 내리치고 부탄가스 토치로 불을 붙이려고 했다. 하지만 마침 이곳을 지나던 50대 주민이 발견해 A 씨를 제지했다. 새벽 3시경 A 씨는 D 씨의 농막으로 향했다. 손도끼로 출입문 문고리를 내리치고 농막 안으로 들어가 폐비닐에 불을 붙였다. 마을이 불에 활활 타던 사이 A 씨의 80대 어머니는 다급하게 대피하던 중에 다쳐 병원으로 옮겨졌지만 숨졌다. A 씨가 B 씨, C 씨, D 씨의 건물에 붙인 불은 2022년 동해안 대형 산불이 됐다. A 씨는 산림보호법 위반, 현주건조물 방화, 현주건조물방화 예비, 일반건조물방화, 특수협박, 특수주거침입, 특수건조물침입, 특수재물손괴 등 8개 혐의로 기소돼 최종적으로 징역 12년이 확정됐다.

그렇다면 A 씨는 도대체 왜 B 씨, C 씨, D 씨의 집에 불을 냈을까?

A 씨의 사건 판결문*에는 범행 동기가 상세하게 기재됐다. A(62) 씨는 강릉에서 태어나 중학교를 졸업하고 농사일을 하면서 생활하던 중 1985년 소를 구입해 사육하게 됐다. 그 무렵 소가 알 수 없는 이유로 죽게 됐다. A 씨와 그의 어머니(2022년 3월 5일 사망)는 별다른 이유가 없었음에도 마을 주민인 E 씨가 주도해 소에게 청산가리를 먹여 죽였다고 생각했다. A 씨의 어머니는 E 씨를 고소했다가 무고죄로 처벌받고 6개월 동안 수형 생활을 했다. A 씨는 어머니가 억울하게 처벌받았다고 생각하면서 E 씨에 대한 불만을 품게 됐다. 또 별다른 이유가 없었는데도 B 씨의 아버지와 D 씨가 E 씨의 범행에 가담했다고 생각했다. A 씨는 마을 주민들에 대한 불만을 품은 채 1988년 마을을 떠나 서울 등지에서 노동일을 하

---

* 춘천지방법원 강릉지원 2022고합17

면서 생활했다.

20대 시절 이렇게 마을을 떠난 A 씨는 28년이 지난 2016년 서울 생활을 청산하고 어머니가 거주하던 강릉시 옥계면 남양2리로 내려왔다. A 씨는 F 씨가 소유하는 토지 위에 있는 무허가 주택에 거주했다. 주택 바로 앞에서 밭농사를 짓고 마을 주민들과 교류 없이 고립된 채 생활했다. A 씨와 그의 어머니는 무허가 주택에 살면서 토지 소유주인 F 씨에게 임대료 명목으로 연 30만 원씩 지급했다. 2017년 A 씨는 밭농사를 지을 수 없게 됐다. 토지 소유주인 F 씨가 자신의 친척에게 농사를 짓게 했기 때문이다. 그러자 A 씨는 별다른 이유 없이 F 씨와 먼 친척인 C 씨가 주도해 위 토지를 뺏기게 됐다고 생각하고 불만을 품게 됐다. 그 무렵 F 씨로부터 "어머니가 살아계실 때까지 주택에 살고 향후에는 나가달라"는 말도 들었다. A 씨는 내부 수리 등을 위해 자신이 지출한 비용을 보전받지 못한 채 주택에서 쫓겨날 것이라고 생각했고 C 씨에 대한 불만은 더 쌓였다. A 씨는 마을 주민들로부터 자신이 피해를 입고 있다고 생각했다. 또 2021년 가을 무렵부터는 주택에서 쫓겨나게 될 것이란 생각에 더 깊이 빠졌다. 그의 불만은 마음과 머릿속에서 그치지 않았다. 기상 상태 등으로 미뤄 불이 잘 붙을 수 있는 날을 A 씨는 선택했다. 자신의 주택과 평소 불만의 대상이었던 이웃들의 주택 등에 불을 질렀다. 남양2리 이장의 기억 속에 남은 A 씨는 '시청이 나눠주는 복지 물품을 전달하려고 집을 방문하면 인사도 하지 않았던 사람' 혹은 '마을 사람들과 전혀 교류가 없었던 사람'이었다.

사회 재난인 산불은 피해 복구 과정에서 여러 유형의 갈등이 발생한다. 이로 인해 지역 공동체의 관계가 훼손되기도 한다. 하지만 2022년 강릉 동해 산불은 그 반대의 일이 벌어질 수 있다는 것도 보여주었다. 단절된 관계, 누적된 사회 갈등, 불신이 대형 산불의 불씨가 된다는 것이다. 산불은 관계를 망가뜨리지만 반대로 망가진 관계가 산불을 일으키기도 한다.

6장.

재난 이후의
재난

한 움큼의 약

　"저, 지금, 오빠 집에 와 있어요. 그전에도 허리가
아파서, 다쳐서, 잘 못 걸었는데 요새는 더 못 걷는다니요. 딸내미
가 와서, 구루마를 사줬는데, 다 타고 없으니 또 사주더라고…. (산
불이 난지) 2주가 지났는데도, 가슴이 후르르 후르르 한 게 불안스러
워, 계속 불안해. 도둑질하고 떨리는 것처럼 마음이 안정이 안 돼
요. 우리 오빠가 여든일곱 살인데 밥을 계속 먹으라고 하는데….
잠도 못 자요. 가슴이 울울울울 떨려요. 12시까지 텔레비전 보다
가도 잠을 못 자요. 누가 말을 하면 멍하니, 뭐라 했느냐고 들어도
잘 못 들어요. 기억력도 없어. 이전에는 좋았는데. (중략) 옛날 집이
좋았어요. 세탁기 2개 있지, 냉장고, TV 3대가 있지 집이 컸어요.

근데 패물을 갖고 나왔나, 가방 하나 가져왔나, 먹는 것, 천장에 넣어놓은 것들, 통장 이런 것들, 아무것도…"

　2023년 4월 강릉 경포 산불로 집이 불에 탄 김진순(82) 씨. 그는 2주 후 전화 인터뷰를 하는 내내 숨이 찼다. 말을 한 문장 단위로 못하고 단어마다 끊어서 할 정도였다. 13분간 이어진 통화 내내 숨도 제대로 쉬지 못했다. 목소리 톤은 많이 올라가 있었다. 그의 기억 속에서 산불은 죽음의 문턱 직전에서 멈췄다. "저 뭐이나. 아침에 나갈 때, 막 연기가 나서, 불이 붙어서 겨우 집으로 빠져나갔잖소. 저쪽에서 불이 붙어서 난리 치더라고…. 도로변으로 나가니 파출소(경찰)에서 차들이 막 올라왔어. '할머니! 타라고, 타라고' 했어. 그래서 탔는데 '저 할머니 돌아가실 거 같다'고 물을 퍼다 먹이고, 약을 먹이고, 드러누우라고 안정시켜 주더라고요" 경찰들이 "할머니 돌아가실 것 같다" 할 정도로 대피 당시 김 씨가 받았던 충격은 컸다.

　산불 재난을 겪은 지 1년이 지나도 심리적 충격은 여전했다. 2022년 동해안 산불로 펜션이 전소되는 피해를 입은 강희덕(71) 씨. 그는 산불 피해로 주택 2동과 펜션 4동이 불에 타는 큰 피해를 겪었다. 당시 거센 불길 속에서 겨우 몸만 빠져나올 정도로 상황은 긴박했고 정신적 충격은 쉽게 사라지지 않았다. "문득문득 꿈인가, 현실인가 헷갈렸어요. 복구 작업이 한창 진행되던 중에는 소변 볼 곳도 없는 허허벌판을 보고 나서야 '아, 내가 산불 피해를 겪었지'라고 실감했죠" 산불 발생일로부터 1년이 지나 펜션 일부를 복구하고 영업을 시작했지만 그는 순간순간 화가 치밀어 오르는 분노를 느꼈다. 강 씨처럼 '꿈인가, 현실인가 헷갈린다' '기억력이 나빠졌다'는 말은 고령층 이재민들이 공통적으로 말하는 증상이었다.

동해안 산불 이재민의 인구학적 특징 중 하나는 60대 이상 고령층이 많다는 점이다. 강원특별자치도에 따르면 2023년 강릉 산불 이재민 274세대 중 외국인을 제외한 270세대를 세대주 연령대별로 보면 60대 이상이 전체 48.8%를 차지했다. 60대가 89세대(33%), 70대가 30세대(11%), 80대가 13세대(4.8%)였다. 50대는 62세대(23%), 40대는 51세대(19%), 30대는 16세대(5.9%), 20대는 9세대(3.3%) 등이었다. 고령층은 재난으로 인한 심리적 충격이 다른 연령대보다 훨씬 컸다. 강원특별자치도가 2022년 동해안 산불 발생 당시, 재난심리회복을 지원했던 이재민 289명을 연령대별로 보면 70대가 136명(47%)으로 가장 많았다. 60대가 68명(24%), 80대가 58명(20%)으로 전체 10명 중 9명은 60대 이상 고령층이었다.

고령층의 심리적 충격은 오랜 시간이 지나고 나면 괜찮아질까? 2024년 1월 30일 오후 고성군 토성면 성천리 마을회관. 60~90대 여성 주민 8명이 모여 앉아 웃음 치료 프로그램에 참여 중이었다. 강사와 함께 스트레칭, 손 운동, 세라 밴드 운동을 할 때마다 이

산불은 마을을 어떻게 바꿨나

들은 소녀처럼 까르르 웃었다. 강의 끝 무렵에는 '보약 같은 친구야'란 노래에 맞춰 손을 잡고 원을 만들며 춤도 췄다. 밝은 웃음은 2019년 산불 이야기를 꺼내자마자 온데간데없이 사라졌다. 마을회관에 모인 8명 중 산불 피해를 입었던 주민은 5명이었다. 3명은 집이 완전히 불에 타 사라졌고 2명은 반파 피해를 입었다. 이날 웃음 치료도 고성군이 산불 피해지인 토성면 8개 마을 주민들의 정신건강을 위해 농한기에 운영한 프로그램이었다.

최고령자인 김계옥(91) 씨는 "아직도 산불 기억이 쟁쟁해. 무서워"라고 말했다. 전파 피해를 입은 그는 마을회관으로 대피해 보낸 시간을 '피난 갔다 왔다'고 표현했다. 전파 피해를 입은 최복동(65) 씨도 집을 새로 짓느라 1억 원 정도 빚을 졌고 매년 600만~700만 원씩 갚고 있다. 산불이 나지 않았으면 갚지 않아도 될 빚, 마음의 짐이었다. 상실감도 컸다. "산불로 시집을 때 혼수로 가져왔던 남편의 도포도 불에 탔고 사진 한 장 못 건졌어요" 이런 마음은 쌓이고 쌓여 우울증을 남겼고 최 씨는 병원을 다니며 치료를 받고 있었다. 한 60대 여성은 집이 완파돼 세간살이는 모두 잃었지만 세입자여서 복구 지원책에서 소외된 경험을 얘기하며 울상을 지었다. 주택 반파 피해를 입은 한 70대 중반의 여성은 눈을 찌푸리며 머리를 가리켰다. "마당 앞까지 불이 붙는데 거동이 불편했던 영감(남편)을 억지로 끌고 나왔던 그날 저녁이 생생해요. 지금도 그때만 떠올리면 머리가 찌릿찌릿해. 그날을 어떻게 잊겠어요. 불에 그을린 실내를 정리하고 리모델링을 하느라 너무 힘들었어. 차라리 불에 다 타 버리는 게 나았다는 생각도 여러 번 했어요"

이들은 조금 전 웃음 치료 프로그램에 참여할 때만 해도 싱글 벙글 웃는 얼굴이었지만 금세 "산불을 겪고 나서 화병이 생겼다"고 말할 정도로 고통을 토로했다. 반파 피해를 입었던 탁명순(68) 씨는 구상권 청구 소송 당시를 떠올렸다. "산불이 발생했던 2019 년만 해도 마을 분위기가 어수선했어요. 비대위는 갈라져서 싸우지 나라에서는 구상권을 청구한다고 하지. 이러다가 보상금도 제대로 못 받는 것 아닌가 근심이 떠나지 않았어요. 남편이 구상권 청구에 반대하며 강원도청 앞까지 트랙터를 끌고 가는 반납 시위 (2021년 2월)를 했었는데 그때만 생각하면 지금도 힘들어요" 8명은 모두 성천리를 둘러싼 소나무 숲이 모두 사라진 것을 안타까워했다. 불행 중에서도 다행인 것을 딱 2가지 꼽았다. "그래도 마을회관이 불에 타지 않아서 집이 없어진 주민들끼리 모여 두 달 정도 같이 지냈어요. 같은 처지의 사람들끼리 모여 있으니 그나마 위로가 되고 의지가 됐어요. 6월 20일에 임시조립주택이 들어왔는데 그해 겨울은 화초를 밖에 내놓아도 얼어 죽지 않을 정도로 춥지 않아서 다행이었어요"

구분	PTSD	자살사고	불안	우울
평균값	3.12	0.03	3.97	3.90
절단점* *해당 점수 이상 시, 심층척도 검사 혹은 연계 고려	3	1	3	3
비고	총 표본 수 33명 (정상종결 13명, 지속상담 1명, 연계 4명, 거부종결 15명)			

(출처: 대한적십자사)

산불 이재민들이 겪는 심리적 충격은 구체적으로 '불안'과 '우울'로 볼 수 있다. 대한적십자사 재난심리회복지원센터는 2023년 4월 강릉 산불 발생 당시, 상담자 151명 중 33명에 대한 척도 검사를 실시했다. 절단점을 기준으로 외상후 스트레스 장애(PTSD) 평균값은 미미하게 높았고 자살사고 평균값은 절단점보다 낮았다. 하지만 '불안'과 '우울'의 평균값은 절단점 보다 유의미하게 높았다. 국내 재난관리체계에서 이재민에 대한 심리적 지원은 단기적, 장기적으로 주체가 각각 다르다. 재난 초기 상황에서는 행정안전부(재난심리회복지원센터)가 맡고 이후 장기적인 치료는 보건복지부(국가트라우마센터 혹은 정신건강복지센터)가 맡는 구조다. 이런 이원화 체계에서는 트라우마 고위험군 발굴 및 지원에서 자칫 사각지대가 생길 수도 있다. 그만큼 긴밀한 연계가 매우 중요하다. 산불 재난 상황에서 고위험군은 적지 않게 발견된다. 강릉시에 따르면 2022년 강릉 옥계면 산불 발생 당시 71명이 정신건강 상담을 받았다. 이 중 상태가 심각해 정신건강의학과 진료까지 받은 경우는 2명이었다. 2023년 4월 강릉 산불에서는 정신건강 상담자 수는 182명이었고 고위험군은 79명이었다. 일반 상담에 이어 정신건강의학과 진료까지 이뤄진 경우는 31명이었다.

∴ 재난심리회복지원 체계도
(출처: 행정안전부)

트라우마 전문가들은 '재난 발생 초기' 심리적 지원을 매우 강조했다. 조용래 한림대 심리학과 교수는 몸뿐만 아니라 심리도 응급처치가 중요하다고 말했다. "재난을 겪으면 초기에는 과도한 각성, 불안이나 공포 증상이 심해지거나 기억력이 떨어지거나 해리 증상을 보일 수도 있습니다. 그런데 2~4주만 관리하면 대상자의 70~80%는 정상으로 돌아와요. 고위험군인 우울증이 있는 이재민들은 지속 관리가 필요합니다"

고령층 이재민이 심리 응급처치를 초기에 받지 못한 결과는 참

산불은 마을을 어떻게 바꿨나

담했다. 2023년 4월 강릉 산불로 펜션이 전소되는 피해를 입은 신동환(78, 가명) 씨. 2024년 2월 29일 방문한 그의 임시조립주택에는 정신과에서 처방받은 수개월 분량의 약이 있었다. 식탁뿐만 아니라 서랍장에도 한가득 있었다. 우울증, 불안 장애가 있을 때 복용하는 렉사프로정 등이 있었다. 아내 이정선(73, 가명) 씨는 남편의 건강이 악화된 과정을 이렇게 기억했다.

"산불 발생 직후 임시대피소(아레나)의 텐트에 있는데 남편이 그렇게 울더라고. 가만히 있는데도 계속 울어요. '워낙 큰일을 겪었으니 그런 거겠지' 대수롭지 않게 생각했죠. 대피소에 심리치료 상담사들이 있었는데 굳이 찾아가지 않았어요. 그런데 가만히 있어도 우는 증상이 몇 달을 가더라고요. 조금 더 지나니 증상이 더 심해졌어요. 남편이 숨이 차고 입이 쓰고 손 떨림이 심해졌죠. 산불 나고 6개월 정도 지날 즈음이었는데 도저히 안 되겠더라고요. 그래서 병원에 갔죠. 작은 병원 갔다가 큰 병원도 갔는데 진단은 똑같아요. 울화가 치밀어 올라서 그런다고요. 화병(火病)이 우울증이 되고 이제는 치매 증상까지 왔어요. 펜션이랑 집을 어떻게 지을까 고민할 겨를도 없었어요. MRI 찍고 병원에서 약 타고 한약까지 지어 먹느라 정부 지원금이랑 국민 성금 받은 것도 많이 썼어요. 우리 남편 저러지, 나는 스트레스 받을 때마다 당이 올라가요. 우리 부부 처지는 이런데 이제 이런 일 도움 받을 곳도 없어요"

재난 피해를 입은 고령층을 위한 심리적 응급처치와 장기 지원이

왜 중요한지 보여줬다. 산불 이후 건물과 산림 등 물리적인 복구에
치중하는 사이, 이재민의 '심리 회복'에는 소홀한 것은 아닐까?

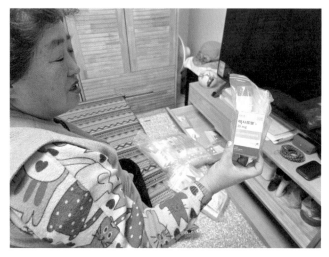

∴ 산불 이재민 신동환(가명) 씨가 처방받은 우울증약

산불은 마을을 어떻게 바꿨나

잃어버린 역사

산불로 주택이 불에 탄 이재민들에게 "미처 갖고 나오지 못해 가장 아쉬운 것이 무엇이냐"고 물으면 10명이면 10명, 빠지지 않고 꼽는 것이 있다. 바로 '사진'이었다. 부부가 결혼할 때 찍은 사

> 그날 입고 있던 옷이
> 내가 가진 전부였어요
>
> 2023년 강릉 산불 피해 주민 인터뷰 中

∴ 2023 강원세계산림엑스포장 전시물

진, 자녀가 커 가는 성장 과정이 담긴 사진, 집안의 중요한 대소사가 담긴 사진…. 한 가정의 역사가 담긴 사진을 하나도 가져 나오지 못한 것에 이재민들은 가장 큰 상실감을 느꼈다.

2023년 4월 강릉 산불로 집이 전소된 60대 박현수(가명) 씨. 그

는 딸과 초등학교 3학년생인 외손녀와 함께 살던 집을 잃어버렸다. 본인 소유가 아닌 문중 땅 위에 지은 집이어서 주택 복구도 불가능한 상황이었다. 마당 같은 야외 공간이 많은 시골집 대신 시내의 46㎡(14평) 주거 시설로 옮겨와 세 식구가 살았다. 박 씨는 "좁고 답답해요. 형무소 같아요"라고 말했다. 하지만 박 씨가 집을 잃은 것만큼이나 안타까워하는 것이 있었다. 바로 어린 손녀를 찍은 사진 앨범이었다. 그는 착잡한 마음을 드러냈다. "백일, 돌 때 찍은 사진 한 장 하나도 없어요. 추억이 없어서 가장 가슴이 아픕니다. 이걸 어디 가서 항의도 할 수 없고 복구할 수도 없고…"

2022년 3월 동해안 산불로 집이 전소된 지영순(72 · 동해시 괴란동) 씨도 마찬가지였다. 그는 모든 삶의 흔적을 모아 간직하고 있었다. 수년 전 대장암으로 사망한 남편의 월급 통장부터 장성한 40대 남매가 자라온 과정이 담긴 모든 물건을 보관 중이었다. 자녀들이 초등학교 시절 그렸던 그림, 부모님께 썼던 편지, 과학에 관심이 많았던 아들이 즐겨 보던 망원경까지 집에 수십 년째 두고 있었다. 하지만 산불로 모두 사라졌다. 지 씨는 "우리 집의 역사가 사라졌다"고 했다.

산불로 '물건을 잃어버린 경험'은 이재민들에게는 씻을 수 없는 아픔이었다. 2019년 고성 산불로 주택이 전소된 속초 장천마을의 김선환(73) 씨는 "산불을 겪고 나니 사람이 악해져. 사람이 망가져"라고 말했다. 선하고 푸근한 시골 할머니 인상을 지닌 그의 입에

산불은 마을을 어떻게 바꿨나

서 '악해졌다'는 말이 나오니 그동안 겪은 스트레스가 얼마나 심한지 느껴졌다. 장천마을에 시집와 50년 이상 살고 있던 그는 조상 대대로 내려오며 쓰던 물건들을 산불로 한순간에 잃어버렸다. "밭에 일하러 나갈 때 대대로 내려오던 농작업 소품들이 없어진 걸 알면 '아, 산불로 다 타버렸지' 알게 돼요. 그러면 2019년 4월부터 겪은 일이 모두 하나하나 떠올라. 화가 나지. 경운기, 트랙터, 콤바인부터 돈귀짝(궤짝)처럼 대대로 내려오던 물품들, 우리 집안 족보, 사진까지…. 우리 집의 역사가 사라졌어요"

이재민들은 산불로 소중했던 물건을 잃어버린 것을 인식할 때마다 산불로 고통받았던 모든 경험을 차례로 떠올렸다. 고통스러웠던 경험이 파노라마처럼 스쳐 지나가며 재난을 재경험하는 스트레스를 겪고 있었다. 이런 상실감과 스트레스는 어른들만 겪는 것이 아니었다. 김 씨는 고등학생 손자, 중학생 손녀와 함께 살고 있었다. 수학여행 중에 산불이 난 손자는 나중에 집에 돌아와서 큰 충격을 받았다. 어린 손녀는 설날 세뱃돈으로 받고 서랍에 보관 중이던 현금 70만 원이 불에 탄 것을 알고 한참 울었다. 어디서도 인정받을 수 없는 피해였다. 아이들이 쓰던 컴퓨터 등도 모두 사라졌다.

2023년 4월 발생한 강릉 산불의 경우 경포대 초등학교 재학생 중에도 이재민이 적지 않았다. 산불 발생 직후 강릉교육지원청 위(Wee)센터가 상담한 어린이는 경포대 초등학교 14명, 신왕초교 1

명이었다. 주로 이재민 가정의 자녀들이 많았지만 대피 등을 경험하고 충격을 받아 상담을 요청한 학생들도 있었다. 산불 발생일로부터 약 5개월이 지났을 때 만난 경포대 초등학교 교사들은 "아이들이 낮에는 재난 이전처럼 일상적으로 학교생활을 하게 하는 것이 우리의 역할"이라고 말했다. 이재민 학생들에 대한 급우들의 태도가 달라지는 것이 오히려 상처가 될 수 있기 때문이었다. 교사들은 같은 반 아이들에게도 당부했다. "반 아이들에게 '우리 ○○ 친구가 먼저 산불 이야기를 꺼내기 전에는 물어보지 않기로 하자'고 지도하며 최대한 아이들을 일상적인 상태로 유지하게 하려 했어요. 덕분에 아이들도 학교에서는 재난 트라우마 증상을 보이지 않고 생활하고 있습니다"

하지만 학교생활을 예전처럼 하는 아이들이 재난으로 인한 변화를 체감하지 못하는 것은 아니었다. 집으로 돌아오면 사라진 공간, 물건이 많았다. 산불로 집이 전소된 최영주 씨의 초등학교 1학년생인 둘째 딸은 "하늘나라에 가면 토끼 인형을 만날 수 있어?"라고 묻기도 했다. 박현수 씨의 초등학교 3학년생인 손녀는 학교에서는 별일 없이 지내다가도 "할머니, 우리 이제 거지 되는 거야?"라고 말해 어른들을 놀라게 했다. 집이 사라지고, 좁아지고, 다시 짓기 어려운 상황을 아이들은 모두 알고 있었다.

"낭구가
없어서"

∴ 삼척 고포마을

강원도와 경상북도의 경계선에 있는 삼척 고포마을. 산과 산 사이의 좁은 도로 하나를 경계로 20여 가구는 '강원도 고포마을' 나머지 20여 가구는 '경상북도 고포마을'로 나뉜다. 이 바닷가 마을은 임금님께 진상했다는 돌미역으로도 유명하다. 집집 마다 "자연산 돌미역을 팝니다"란 팻말이 걸려 있다. 행정구역상 삼척시 원덕읍 월천2리인 고포마을은 20가구 모두 60대 이상 고령층이고 부부가 함께 거주하는 가구는 3가구에 불과하다. 나머지는 홀로 사는 노인들이다.

삼척 고포마을은 2022년 3월 울진에서 북상했던 산불로 인해 주택 1채가 전소(울진 고포마을도 1채 전소)됐고 마을회관 유리창이 깨져 거실이 불에 타는 피해를 입었다. 거동도 불편한 고령의 주민들은 밤새 원덕읍의 복지관으로 대피했다. 80~90대 어르신들은 산불 발생 대피소로 몸을 옮겼던 상황을 "피난 갔다"고 표현했다. 당시 전국에서 구호품이 마을로 매일같이 쏟아져 들어왔다. 하지만 고령의 여성 독거노인이 대부분이어서 구호품을 집집 마다 나를 사람이 없었다. 마을 이장도 70대 중반의 남성이었다. 마을회관도 불에 타서 구호품을 보관할 곳도 마땅치 않았다. 시간이 지나서는 그만 달라고 해야만 했다.

산불이 발생한 지 1년 4개월 정도 지난 2023년 7월 21일. 고포마을의 강원, 경북 방향의 양쪽 산은 모두 나무가 드문드문 보이는 민둥산이었다. 그나마 여름이어서 풀이 자라 초록색을 띠고 있었다. 삼척 고포마을의 김춘옥(75) 씨는 깨끗한 1층 단독주택에 거주하고 있었다. 김 씨는 집 안에서 제대로 걷지 못했다. 앉은 채로 안방에서 거실로 힘겹게 나왔다. "원래 신경성으로 두통이 심했는데 산불을 겪고 한동안은 훨씬 더 심했어요. 지금은 어느 정도 안정이 됐어요" 산불이 나던 날의 기억은 또렷했다. 점퍼 몇 벌을 챙겨 급하게 집에서 나왔고 대피소에서는 집이 불에 탈까 봐 뜬눈으로 밤을 지새웠다. 김 씨의 거실 창밖에는 소나무가 드문드문 보였다. '소나무 없는 산'은 산불 이후 그가 겪는 새로운 일상이다. 이 일상에 적응하는 것은 또 다른 문제였다. "낭구(나무)가 없어서 허전해요. 예전에는 바람이 아무리 불어도 낭구가 막아줬는데 이제는 먼지도 많이 날리고 소리도 심해졌어요"

　다른 노인들도 산불 이후의 일상은 달라져 있었다. 2023년 7월 21일은 폭염주의보가 연일 발효되던 무렵이었다. 고포마을에도 폭염 피해 예방을 당부하는 안내 방송이 나왔다. 하해연(91) 씨는 "산불 이후에는 저런 안내 방송 소리만 들어도 마음이 쿵쾅거려"라고 말했다. 노인회장인 김광웅(83) 씨는 "멀쩡했던 이웃들이 산불 쇼크로 몸이 안 좋아지는 것을 보면 마음이 안 좋다"고 말했다.

∴ 삼척 고포마을 이장 최동락 씨가 나무를 베어낸 산을 가리키고 있다.

삼척 고포마을의 이장인 최동락(75) 씨도 불안하기는 마찬가지였다. 단순한 걱정이 아니었다.

"산에 나무가 예전처럼 없으니 비만 내렸다 하면 흙탕물이 산에서 내려오는데 그때마다 걱정이 큽니다. 잠을 못 잘 정도예요. 산사태가 나지 않을까 싶어서…" 실제로 2022년 태풍 힌남노가 북상했을 때 최 이장은 경찰들과 함께 순찰을 돌았다. 혹시라도 긴급한 상황이 발생하지 않을까 불안했기 때문이다. 그의 걱정은 여름뿐만 아니라 겨울에도 이어졌다. 그나마 여름은 풀이라도 있는데 겨울은 풀도 없어 더욱 그랬다. 최 이장은 산불을 겪고 난 이후 몸이 많이 안 좋아졌고 2023년 초에는 종양 제거 수술도 받았다. 걸음이 많이 불편했다. 최 이장의 바로 옆집에는 주택 전소 피해

산불은 마을을 어떻게 바꿨나

를 입은 80대 부부의 주택이 있었다. 임시조립주택 생활을 끝내고 새로 지은 깔끔하고 세련된 전원주택이었다. 하지만 세대주 부부는 산불 이후 이웃과 단절됐다. "노부부의 스트레스가 너무 커서 마을 사람들이랑 왕래가 없어졌어요"

산불 이후 나무가 없어진 산에서 흘러 내려오는 흙탕물은 이재민뿐만 아니라 주민들에게도 불안감을 줬다. 장맛비가 심하게 내린 2023년 6월 26일. 강릉 경포 산불 피해지 일대 비탈면 곳곳은 방수포로 덮여 있었다. 불에 탄 검은 소나무들도 곳곳에서 보였다. 저동에서 만난 주민들은 "산불 이후 비만 내렸다 하면 뒷산에서 흙탕물이 내려온다"며 불안감을 호소했다. 산사태라도 나는 것 아닌가 걱정하는 주민들도 있었다. 한 70대 주민은 이날 아침에도 하수구를 막은 잔나무 가지와 쓰레기를 치우기 바빴다. 그는 "축대나 옹벽 설치는 시급한데 복구 작업은 시작도 못 하고 있다. 역대급 장마가 온다는데 산사태, 토사 유출이 우려된다"고 말했다. 피해목을 바라보는 주민들의 시선도 불안했다. 산불로 지반이 약해진 상태에서 뿌리에 힘을 잃은 소나무가 쓰러져 거주지를 덮칠까 하는 불안감이었다. 쓰러진 소나무에 전선이 끊어지며 강릉 산불이 발생했기 때문에 걱정이 더 클 수밖에 없었다. 산불 발생일로부터 2개월 이상 지났고 여름 집중 호우 철이 다가온 시점에도 복구 작업은 제대로 이뤄지지 않았다.

장마철이 다가온 2023년 6월 26일 기준으로 강릉 경포 산불 피해지의 긴급 벌채 대상 면적 62㏊ 가운데 8㏊만 벌채가 완료됐다. 사업비 21억 원이 전액 국비로 추진되는데 아직 집행되지 않아 시 예산을 들여 일부 벌채만 해놓은 상태였다. 산사태 예방, 사방 사업도 마찬가지였다. 28개소 9.24㏊ 면적에 옹벽 등을 쌓는 사업은 7월부터 시작될 예정이었다. 시는 일단 방수포, 토낭 쌓기 등 응급 복구만 해놓았다. 조림 사업도 마찬가지였다. 전체 피해 면적의 95.71㏊에 14억 3,600만 원(국비 50% · 지방비 50%)을 들여 사업이 예정돼 있었지만 이는 10월부터 추진될 예정이었다. 사업에 절차와 시간이 필요한 것은 당연했다. 하지만 재난 복구책의 적시성은 떨어졌다. 행정은 이런 상황을 주민들에게 일일이 설명하지 않았다. 그럴 의무도 없었다. 소통의 부재는 주민들의 불안감을 키우고 있었다.

∴ 2023년 여름철 경포. 불에 탄 소나무가 있는 경사면이 방수포로 덮여 있었다.

산불은 마을을 어떻게 바꿨나

소통 없는 복구

　　2023년 여름, 언론에 '극한 호우'란 표현이 자주 등장했다. 극한 호우는 '1시간 누적 강수량이 50㎜ 이상'이면서 '3시간 누적 강수량이 90㎜ 이상'인 상황으로 여느 장마와는 차원이 달랐다. 같은 해 8월에는 태풍 카눈이 한반도를 관통하면서 강원 지역도 초긴장했다. 8월 9~10일 이틀 새 400㎜의 폭우가 쏟아졌고 상습 침수구역인 경포 진안상가 주변은 어김없이 성인 남성의 허리 높이까지 물이 들어차 중앙 일간지에도 나왔다. 태풍이 휩쓸고 간 2023년 8월 11일. 경포 일대는 언제 그랬냐는 듯이 맑았다. 하지만 곳곳에 태풍의 흔적이 남아 있었다. 이재민 임시조립주택이 모여 있는 경포 일대에는 아슬아슬한 현장도 쉽게 볼 수 있었다. 저동 임시조립주택에서 만난 김형택(74) 씨는 눈에 빨갛게 충혈돼 있었다. 그는 "태풍이 지나가는 내내 밤새 한숨도 못 잤다"고 말했다. 그는 아내의 건강 회복을 위해 저동에 4년 전 집을 지었지만 산불로 전소됐다.

김 씨의 임시조립주택과 농막은 도로보다 높은 지대에 위치해 있었다. 폭우에 경사면이 쓸려나가면서 김 씨가 그 위에 심어놓은 고추 지지대는 모두 쓰러져 있었다. 임시조립주택 주위는 더 취약했다. 바로 뒤편에는 35m 구간의 절개지가 있었는데 물로 움푹 파인 곳이 곳곳에서 보였다. 이 중 방수포가 덮여져 있는 곳은 10m에 불과했다. 김 씨가 태풍이 관통하던 날 밤 한숨도 못 잔 이유는 따로 있었다. 비좁은 임시조립주택에서는 아내만 잠을 자고 김 씨는 농막에서 밤을 보냈는데 두 건물 뒤편의 절개지에 불에 탄 소나무들이 있었기 때문이다.

∴ 김형택 씨의 임시조립주택 뒤편의 절개지

긴 씨는 하소연했다. "저 소나무가 쓰러져 임시조립주택이나 농막을 덮치면 어쩌나, 너무 걱정됩니다. 경포에서 46년째 사는데

산불은 마을을 어떻게 바꿨나

항상 태풍은 8월 말, 9월 초에 와요. 가을에 또 어떤 피해를 입을까 두렵습니다. 임시 숙소 생활을 끝내고 임시조립주택에 입주해서 조금씩 안정을 되찾아가는 시점이었는데 여름 집중 호우 철을 지나면서 다시 급격하게 불안해졌어요"

주민들은 이런 불안을 겪어도 어디에 하소연을 해야 할지 몰랐다. 김 씨는 일단 가장 가까운 동사무소를 찾아갔다. 복구 작업은 시청 산림과에서 하지만 이런 행정체계를 알지 못했다. 동사무소에 한 달째 전화해서 복구 작업을 물어도 답변이나 조치도 없었다. 강릉시는 경포 산불 피해지 중 28개소에 사방 공사를 하기 위해 10억 7,400만 원을 확보했다. 하지만 착공은 태풍이 지나가고 난 이후에 이뤄질 예정이었다. 사업 공고, 업체 선정, 계약 과정을 거쳐야 하니 시간이 필요하다는 입장이었다.

그사이 이재민들은 잠을 못 잘 정도로 불안에 떨었지만 담당 공무원이 인식하는 위험의 수준은 크게 달랐다. "보시다시피 저동 일대 산이 그렇게 높은 것은 아닙니다. 산사태 위험 지역은 아닙니다" 이렇게 상황 인식의 차이가 크다 보니 이재민들의 불안에 대한 공감이나 배려는 언감생심이었다. 이재민들에게 복구 절차를 설명하고 안심시키는 노력도 기대하기 어려웠다. 김형택 씨는 나중에 기사를 통해 자신의 거주지가 사방 사업 대상지에 포함됐다는 것을 알고 비로소 안심하는 모습이었다. 담당 공무원은 '10월 말쯤 사업을 완료할 예정'이라고 했지만 11월에 다시 찾아간 김 씨의 임시조립주택 주변은 여름철과 다르지 않았다. 절개지 곳곳에는 빗물이 지나간 흔적이 더 선명하고 굵게 남아 있었다. 절개지 위 불에 탄 소나무는 베어져 있었지만 사방 공사는 여전히 이뤄지지 않았다. 김 씨 부부가 급한 대로 덮어놓은 방수포는 11월 초에 불었던 강풍에 날아가 버렸다. 모래주머니를 방수포 위에 올려놓았지만 2개월만 지나도 삭아 무용지물이었다. 12월에 다시 찾아갔을 때 비로소 사방 공사가 한창 진행 중이었다. 김 씨는 그나마 상황이 나은 편이었다. 사방 사업 예정지 28개소 중 23개소는 1년이 지나도록 공사가 진행되지 못하고 있었기 때문이다. 사유림 산주 중에는 사방 사업을 위해 공간을 일부 내주는 것에 동의하지 못한 이들이 많았다.

∴ 김형택 씨 자택 뒤편 절개지

산불은 마을을 어떻게 바꿨나

2022년 동해안 산불로 주택이 전소되고 임시조립주택에 거주 중인 지영순(74·동해시 괴란동) 씨도 2년째 산사태 불안감을 느끼고 있었다. 뒷산은 산불로 소나무 몇 그루만 불에 타고 잡풀만 남은 상황이었고 2m 높이의 절개지가 40m 구간으로 불안하게 있었다. 폭우에 흙이 쓸려 내려올 수 있어 동해시에 도움을 요청했지만 묵묵부답이었다. 지 씨의 아들이 후배들의 도움을 받아 임시로 방초매트를 덮어놓았다. 지 씨도 주로 동사무소를 통해 여러 차례 건의를 넣었지만 해당 구역은 사유지여서 사방 사업이 어렵다는 입장이었다. "돌망태가 어려우면 작은 수로라도 놓아달라고 시청에 사정했는데 관계자들이 현장만 방문하고 아무런 조치가 없었어요. 산불 피해지역인데 너무 무심한 것 아닌가요"

다시
무너지다

'고성 토성면 인흥리 농가 맛집 잿놀이 3시 20분 산사태 발생. 근무자 7명 긴급 탈출'

강원 고성에 시간당 91㎜의 기록적인 극한 호우가 쏟아진 2023년 8월 10일 오후 4시 23분쯤 김성진(64) 잿놀이 대표가 보낸 문자였다. 토성면 인흥리에 있는 잿놀이는 고성의 유명한 농가 맛집이었지만 2019년 산불 피해로 전소됐다. 30억 원대 재산 피해를 입은 김 대표 부부는 복구 비용을 마련하기 위해 9억여 원의 대출을 받은 상황이었다. 어렵게 복구를 마치고 영업을 하는 상황에서 아찔한 산사태 피해를 입었다.

그다음 날인 8월 11일 잿놀이 임직원들은 삽을 들고 산사태로

산불은 마을을 어떻게 바꿨나

쓸려 내려온 흙을 정리하는 작업을 한창 하고 있었다. 밤새 트럭이 수십 차례 오가며 흙을 나르고도 오후까지 진행 중이었다. 잿놀이는 언덕 위에 김성진 대표 주택과 카페가 있고 아래로 내려가면 식당과 주차장이 있었다. 상층부 절개지가 무너져 하마터면 카페 건물이 붕괴되고 흙이 식당 건물을 덮칠 뻔했다. 당시 식당 안에는 휴식 시간에 임직원들이 식사를 하고 있었다.

다행히 식당 벽면을 덮치지 않고 입구 앞쪽으로 쓸려 내려갔다. 그나마 4년 전 산불 복구 과정에서 절개지 아래 2m 높이로 보강토를 쌓는 사방 사업을 마친 덕분이었다. 이런 안전 조치가 없었더라면 그대로 식당을 덮쳐 인명 피해로 이어질 뻔했다. 극한 호우는 복구지의 취약점을 파고 들었다. 불에 탄 소나무 대신 대나무, 잣나무 등을 심었는데 아직 뿌리가 토양을 잡아주는 힘은 약한 상태였다. 김성진 대표는 가슴을 쓸어내렸다. "2019년 사방 사업 당시 높이가 1.2m였는데 건의해서 2m로 높였어요. 그래서 이번에 7명의 목숨을 구할 수 있었나 싶네요" 사방 사업을 마치고도 안심할 수 없었고 2차 재난에 대한 두려움도 피할 수 없었다.

∴ 극한 호우 속에 산사태가 발생한 잿놀이

대형 산불 피해지역 주민들의 2차 재난에 대한 불안감, 트라우마는 통계로도 확인됐다. 강원특별자치도가 매년 1만 5,800가구를 대상으로 실시하는 '강원의 사회 조사'에서는 2년 단위로 안전 환경에 대한 평가를 조사하고 있다. 조사 내용 중 '귀하는 우리 지역이 다음 각 분야별로 어느 정도 안전하다고 생각하십니까?'란 문항이 있다. 화재(산불 포함)를 비롯해 자연재해, 건축물 및 시설물, 교통사고, 먹거리, 정보보안, 신종 감염병, 범죄 위험에 대해 '매우 불안-비교적 불안-보통-비교적 안전-매우 안전' 중 하나에 답하는 조사이다.

  대형 산불 발생 지역의 주민들이 산불에 대해 느끼는 불안 응답률은 타 지역보다 훨씬 높았다. 2019년 고성 산불 발생 이후에 이뤄졌던 2020년 강원의 사회 조사(2020년 8월 19일~2020년 9월 21일 실시)에서 '화재(산불 포함)에 대한 불안' 응답률은 고성(70.4%), 양양(64.3%), 속초(62%) 순으로 높았다. 고성과 속초는 산불 피해지역이었고 두 지역과 인접한 양양은 2005년 대형 산불의 피해지역이었다. 삼척(59.1%), 강릉(47.2%), 동해(41.9%)가 그다음이었다. 영서권인 춘천, 원주의 응답률은 15~16%대였다.

  2년 후에 이뤄진 2022년 강원의 사회 조사에서도 산불 피해지역 주민들의 불안감이 드러났다. 2022년 3월 동해안(강릉, 동해, 삼척) 산불 발생 직후 이뤄졌던 2022년 강원의 사회 조사(2022년 8월 18일~2022년 9월 5일)에서도 화재 불안 응답률은 동해가 68.9%로 가

산불은 마을을 어떻게 바꿨나

장 높았다. 동해 다음으로 고성(60.7%), 삼척(59.1%), 강릉(56%) 속초 (46.5%), 양양(40.9%) 순으로 높았다. 고성은 2022년에는 산불이 발생하지 않았지만 응답률이 여전히 높아 산불에 대한 트라우마가 좀처럼 사라지지 않음을 보여줬다.

∴ 2022년 3월 5일 연기가 자욱한 동해 사문대로
(출처: 강원특별자치도 소방본부)

시뻘건 불길 만큼이나 산불 피해지 주민들에게 트라우마로 남아 있는 것은 '짙은 연기'였다. 이승교 동해 의용소방대연합회장도 마찬가지였다. "2022년 강릉 옥계면에서 시작된 산불이 동해 시가지로 번져 연기가 자욱했던 기억이 생생해요. 도시 전체가 뿌옇게 변했는데 봄만 되면 당시 상황이 떠올라 두렵습니다. 트라우마

예요" 실제로 2022년 3월 5일 당시 언론 보도를 보면 동해 시내는 전쟁터 같았다. 연기가 햇빛을 가려 시야 확보가 어려웠고 묵호항을 빠져나가려는 차들이 얽혀 경적을 울렸다. 시민들은 연기 때문에 마스크를 쓰고도 손을 가리고 다닐 정도여서 일부 학교는 단축수업을 진행했다. 강릉 옥계면에서 30㎞ 떨어진 강릉 시내권 주민들도 공포에 떨었다. 당시 강릉시가 보낸 재난 문자를 보면 '동해시 인근 산불 진화 연무가 남풍으로 인해 강릉시 관내에 영향을 주고 있으니 시민들께서는 창문 닫기, 야외 활동 자제 및 마스크 착용 바랍니다'라는 내용이었다. 숨쉬기가 힘들 정도로 연무가 자욱해 산불이 또 발생한 줄 아는 신고 전화도 빗발쳤다.

대형 산불 피해지 주민들의 트라우마를 외지인들은 이해하지 못했다. 2023년 6월 강원도 동해안에는 캠핑을 즐기는 '차박족'들이 붐볐다. 이들은 솔밭에서 고기를 굽기도 했는데 이는 현지 주민들에게는 공포감을 불러일으켰다. 경포해변과 인접한 사천해변에서 펜션업을 하는 서선이(70) 씨는 답답해했다. "불씨 하나가 대형 산불로 번진다고 아무리 차박족들에게 사정해도 무시당하기 일쑤이고 들은 척도 안 해요. 계속 말했다가는 시비가 붙을까 봐 시청에 단속을 요구했지만 묵묵부답입니다" 재난을 간접 경험한 주민들의 불안감도 이 정도인데 직접 경험한 이재민들은 말할 것도 없었다.

홀로 삭이는
아픔

　　시간은 약이라고 한다. 산불이라는 악몽 같은 재난도 오랜 세월이 지나면 잊힐까? 복구를 마치고 경제적으로 안정되며 일상으로 어느 정도 돌아가면 처참했던 재난은 기억 속에 어떻게 남아 있을까? 2005년 50대 후반의 나이에 양양 산불을 겪은 김종한 씨. 18년이 지난 2023년, 그는 어느새 70대 중반을 넘었다. 김 씨는 2005년 양양 산불 발생 당시 비상대책위원장을 맡았고 당시 많은 언론사와 인터뷰를 했다.

"2차 양양 산불 피해는 정부의 안이한 진화 자세가 부른 인재이기 때문에 정부가 모든 책임을 져야 마땅합니다"

2005년 4월 21일 자 『한겨레』

"융자금 60%하고 보조금 40%하고 그 돈으로 어떻게 집을 짓습니까. 그리고 각 농가마다 부채도 엄청나게 있는 데다…"

2005년 4월 23일 『YTN』

김 씨가 2005년 지적했던 복구 과정의 문제점은 2019년 고성 산불, 2023년 강릉산불비상대책위원장들이 지적한 내용과 크게 다를 바 없었다. 김종한 씨는 2005년 4월 4일 산불이 나던 날의 상황을 생생하게 기억했다. 다음 날 오전 뉴스에 '진화율 80%'로 자막이 나왔다. 불을 끄느라 밤사이 고생한 후배들을 불러서 술 한잔하려고 하는데 연기가 보이기 시작했다. 순식간에 불이 붙었고 오후 2시쯤에는 사업장인 식당과 집이 모두 불에 탔다. 매캐한 연기, 앞이 안 보이는 시야, 뜨겁고 거센 바람 등은 지금도 생생하다. 정부의 대응은 우왕좌왕이었다. 당시 총리는 산불 발생 기간에 골프를 친 사실이 드러나 이재민 비상대책위원회가 거세게 항의하기도 했다. 그는 복구 비용 3억 원 중 2억여 원은 빚으로 마련했다. 다행히 화재 보험에 가입돼 있어 도움이 됐다.

.˙. 2005년 양양 산불로 사업장과 주택이 전소된 김종한 씨.
이격거리를 두고 스프링쿨러를 설치한 곳을 가리키고 있다.

다시 영업을 시작한 강현면 김 씨의 막국수 집은 양양 대표 맛
집이었다. 이른 오전부터 손님이 몰려 자리가 없을 정도로 성업
중이었다. 연예인들이 다녀가는 맛집, 양양에 가면 꼭 한번 가봐
야 하는 맛집으로 소문이 나 있었다. 하지만 김 씨는 담담했다.
"2005년과 비교하면 우리나라 산불 대응체계는 많이 나아졌어요.
그래도 불안은 여전합니다. 봄철에 바람이 많이 부는 날이면 아직
도 잠을 제대로 못 자요"

그는 불안에 마냥 눌려 지내지 않았다. 자구책을 마련했다. 김
씨의 막국수 집은 주변 숲과 10m 간격의 거리를 두고 있었다. 잔
나무, 잔가지를 말끔하게 정리해 놓은 상태였다. 2005년 당시에

는 가게와 주택으로부터 소나무가 가까이 있었는데 산불 이후에
는 모두 베어냈다. 그 사이에는 스프링쿨러를 설치했다. 언제든
곧바로 물이 나올 수 있도록 한 것이다. "봄철에 바람이 많이 부
는 날이면 스프링쿨러를 켜놓고 물이 조금씩 나오게 해놓아요. 그
러면 불안이 조금 덜합니다" 산불로 인한 트라우마는 20년 가까이
지나도록 잊히지 않았다. 가게는 성업 중이었지만 산불은 그저 씻
을 수 없는 상처일 뿐이었다. "전화위복이 된 부분이 있는가?"라
고 물었지만 그의 대답은 단호했다. "전화위복이 됐다고는 도저히
말하지 못하겠습니다"

강원도는 대형 산불로 지난 수십 년간 수천여 명의 이재민들이
발생했다. 재난의 교훈을 되새기고 고통받은 사람들을 위로하는
자리는 어디에도 없다. 그저 복구비를 집행하고 건물을 다시 지을
뿐이다. 상징적 부흥을 하는 문화적인 이벤트도 아무것도 없다.
그 사이 공동체 갈등은 곪을 대로 곪고 이재민들은 경제적인 고통
도 개인적으로 감내하고 있다. 재난 지역의 사람들에게 '다시 일어
설 수 있다' 혹은 '우리가 일어서고 있다'는 부흥감을 양성하는 일,
상처받은 마음을 상징적으로 회복·치유하려는 공동의 노력도 없
다. 피해 주민들이 부흥감을 얻기 위해서는 공동체의 축제나 이벤
트를 활용하는 방법도 있지만 정작 축제 속에 이재민들은 없었다.

산불은 마을을 어떻게 바꿨나

∴ 2023년 강원세계산림엑스포장에 전시된 '환생'

　2023년 9월 22일부터 10월 22일까지 열렸던 강원세계산림엑스포장. 문화유산관 한구석에는 '환생'이란 작품이 놓여 있었다. 2019년 고성 산불로 숯덩어리가 된 300년생 밤나무의 가지로 만든 작품이었다. 검은 대지에서 새로운 생명의 탄생을 기대하며 황환일 작가가 만들었다. 바로 옆 출구에는 '불멍(불에 멍들다)'이란 전시회가 열리고 있었다. 경상북도 봉화군이 주최하고 한국수목원정원관리원, 국립백두대간수목원이 주관하는 전시였다. 산불에 멍이 든 사람들, 이재민들의 인터뷰 등이 영상으로 나오고 있었다. 강원도는 2023 강원세계산림엑스포 관람객이 100만 명을 돌파했다고 대대적으로 홍보했지만 이 행사장에 역대 산불 이재민들을 초청한 치유 프로그램은 없었다. 과거의 상처와 과오를 되돌아보지 못하고 미래를 얘기하는 것이 어딘가 허전해 보였다. 고성과 인접한 속초, 양양에도 아직 산불의 고통을 잊지 못한 주민들이 수천 명이지만 이들과는 전혀 무관한 행사일 뿐이었다.

해마다 9월이면 미국에서 전해지는 소식이 있다. 2001년 9·11 테러로 숨진 희생자 2,753명을 추모하는 행사에 관한 뉴스다. 미국은 테러로 세계무역센터가 붕괴된 자리에 추모공원 '그라운드 제로'를 만들고 추모식을 열고 있다. 2023년에는 정치권도 아닌 유족들이 중심이 된 행사로 국내 언론에 소개됐다. 미국 전역에 추모의 물결이 일어나고 재난의 희생자를 추모하는 마음 하나로 '하나 됨'을 경험한다. 다시는 테러에 당하지 않겠다는 의지도 다질 것이다. 강원도 동해안은 지난 수십 년간 대형 산불 피해를 수십 차례 겪었지만 단 한 번도 이런 '기억과 부흥의 순간'을 갖지 못했다. 각자도생하기 바쁠 뿐이다.

산불은 마을을 어떻게 바꿨나

7장.

산불과
불평등

2024년 개봉한 일본 애니메이션인 「스즈메의 문단
속」은 재난의 상처를 치유하는 스토리로 많은 공감을 받았다. 주인
공인 소녀 스즈메는 2011년 동일본 대지진의 생존자이자 엄마를 잃
은 유가족이다. 등굣길에 우연히 만난 소타를 따라나선다. 소타는
가문 대대로 문 너머 재난을 봉인하는 청년이다. 둘은 지진이 발생
했던 규슈, 시코쿠, 고베, 도쿄 등 일본 전역을 돌며 필사적으로 재
난의 문을 닫아간다. 그러던 중 스즈메는 엄마를 찾아 목 놓아 울며
떠도는 어린 자신을 보게 된다. 슬픔과 상실로 가득했던 어린 시절
을 마주하며 트라우마를 치유한다. 영화는 일본인에게 큰 아픔으로
남은 재난의 기억을 스즈메를 통해 그려내 호평을 받았다.

치유하기 위해서는 때로는 상처와 고통을 마주하는 시간이 필요하다. 이런 과정 없이 꿈꾸는 미래는 어쩌면 겉만 화려한 미래일 수 있다. 2023년 10월 강원세계산림엑스포가 열렸던 고성군 토성면 인흥리 일대가 그랬다. 숲의 문화적, 산업적 가치를 보여주는 이벤트에 관람객의 발길은 끊이지 않았다. 하지만 대회 장소에서 조금만 나오면 인흥리에는 4년 전 산불에 탄 소나무가 그대로 있었고 어린나무들이 채 자라지 않아 초라한 산이 사방으로 보였다. 보상 문제가 마무리되지 않아 현장 보존된 불에 타 죽은 소나무들이 모여 있는 산은 을씨년스러웠다. 이제 막 중장비를 동원해 피해목을 베어내기 시작한 곳도 있었다. 토성면 일대 산불 이재민들에게 세계산림엑스포와 같은 축제는 다른 세상의 이야기였다. 기억과 상상은 엇갈렸다.

재난은 사회의 낮은 곳에 더 가혹하다. 산불도 예외는 아니다. 재난의 약자인 이재민이 만들어지는 배경에는 어김없이 '불평등의 그림자'가 있다. 사회적 관심은 재난 현장에 맞춰져 있지만 이면을 보는 것이 더 중요하다. 미국 컬럼비아대 교수인 존 머터(John C. Mutter)는 지진, 태풍, 쓰나미, 폭염 등 재난이 어떻게 사회의 불평등으로 연결되는지를 연구한 학자다. 그는 저서 재난 불평등에서 "전 세계적으로 재난 발생 가능성이 높은 지역에 사는 사람들은 다른 지역에 사는 사람들보다 사회적 진보를 이루기 훨씬 더 어렵다"며 "경제적 자원을 교육, 보건 체계, 법 제도와 같은 사회

진보에 필요한 기관과 구조를 만드는 데 쓰지 못하고 피해 복구에 만 쏟아부어야 하기 때문"이라고 말했다. 재난의 예방, 대비가 중요한 이유다.

동해안 산불 이재민들이 겪는 불평등은 크게 3가지 측면에서 나눠 볼 수 있다. 우선 동해안 대형 산불은 봄철 부는 양간지풍이 원인으로 알려져 있는데 이는 어제 오늘의 일이 아니다. 기후변화가 진행되면서 산불에 점점 취약해지고 있다는 경고도 수차례 나왔다. 강원지방기상청이 2022년 4월 8일 발표한 「강원 영동의 기상 환경, 대형 산불의 위험성 가장 높아」란 보고서를 보면 강원 영동 지역은 건조한 날씨로 인한 발화 조건과 강풍으로 인한 확산 조건을 모두 갖고 있다. 실효습도가 35% 이하인 일수(여름철은 제외)는 겨울철 기준 전국 0.8일, 강원 영서가 5.9일인데 비해 강원 영동은 25일이었다. 봄철 기준으로도 전국 3.8일, 강원 영서 4.2일이었지만 강원 영동은 13일이었다. 풍속도 마찬가지다. 강풍 특보 기준인 '최대 순간 풍속이 20㎧ 이상' 발생 일수의 경우 강원 영동은 봄철인 4월(23.0일)과 5월(16.0일)에 집중되어 있었다. 기상청이 지난 30년간 전국 62개 지점을 대상으로 '실효습도가 35% 이하이면서 최대 순간 풍속이 20㎧ 이상인 일수' 즉 건조한 상태에서 강한 바람이 불었던 일수를 본 결과 강원 영동권인 속초(52일), 강릉(47일)이 눈에 띄게 많았다.

산불은 마을을 어떻게 바꿨나

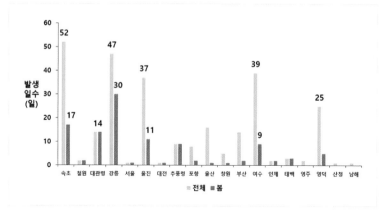

∴ 실효습도 35% 이하이면서 최대순간풍속 20㎧ 이상인 일수

(출처: 기상청)

이런 기후 조건은 자연의 영역이지만 이에 맞서 대비책을 갖추는 것은 정치의 영역이다. 예산 투입 등 의사결정을 거쳐 이뤄지는 대형 산불 예방 인프라 구축에서 강원도 동해안은 재난 불평등을 겪고 있다. 첫 번째 불평등은 '열악한 인프라'이다. 2019년 대형 산불로 피해를 입은 고성군 토성면 인흥리의 도로변에 설치된 전신주들은 하나같이 소나무와 1~2m 간격으로 가까이 있었다. 심지어 소나무 가지 사이로 전선이 지나가는 현장도 쉽게 볼 수 있었다. 2019년 대형 산불 발생 당시에는 대안으로 '지중화 사업'이 거론됐고 2023년 강릉 경포 산불 발생 당시에는 대안으로 '전력망 주변 산불 위험목 제거'가 거론됐다. 하지만 재난 이후의 현장은 크게 달라지지 않았다. 고성·속초 일대 이재민들은 성토했다. "2019년

산불이 발생한 지점만 지중화가 됐고 나머지 구간은 진행된 곳이 사실상 없어요. 산불이 매년 발생하면 뭐합니까. 나아지는 것은 아무것도 없는데…"

강원지역에서 전기적인 요인으로 인해 대형 산불이 발생한 것도 2019년이 처음은 아니었다. 최근 30년간(1993~2023년) 강원지역에서 발생한 대형 산불 35건을 원인별로 보면 전기적 요인이 5건이었다. 2005년 양양 현남면 주리에서 발생한 산불도 전선 스파크로 추정되는 불이 원인이었고 2019년 고성 산불도 특고압 전선 아크 불티가 원인이었다. 2023년 강릉 경포 산불도 '전선 단선'이 원인이었다. 특히 속초, 고성 일대는 전기적 요인에 의한 대형 산불이 이미 2019년 이전에도 발생했었다. 검찰이 2019년 고성 산불 관련, 한전 직원들을 업무상 실화 등의 혐의로 기소한 사건의 공소 요지에 따르면 2004년 3월 10일 속초시 청대산에서 발생한 대형 산불도 전신주 전선의 절연 피복이 강풍에 의해 손상돼 아크 불꽃이 야산 풀숲으로 떨어진 것이 원인이었다. 이 청대산 대형 산불로 84가구와 시가 57억 원 상당의 피해를 입었다. 2018년까지 비슷한 원인으로 대형 화재가 5회 발생했고 그중 4건이 봄철인 3~4월에 집중됐다.

전선으로 인한 대형 산불 위험은 끊이지 않지만 대표적인 예방책인 지중화 사업은 더디기만 하다. 전선 지중화 사업은 전주와 통신주를 제거하고 전선과 각종 통신선을 지하 매설하는 작업으로 안전사고 예방에 필수적이다. 한국전력공사가 2023년 국회에 제출한 자료에 따르면 강원지역의 가공배전선로 지중화율은 10.9%로 전국 평균(20.90%)의 절반에 불과했다. 전국 17개 시·도 중에서도 3번째로 낮았다. 강원도와 마찬가지로 대형 산불에 취약한 경북은 7.7%로 낮은 지역에 속했다. 대형 산불에 취약한 지역들이 지중화율이 오히려 가장 낮은 셈이다. 강원도 지자체 안에서도 지중화율 격차는 있었다. 동해안 6개 시·군(강릉, 속초, 동해, 삼척, 고성, 양양) 중에서도 고성(3.4%)과 삼척(7.8%)은 강원도 평균에도 못 미쳤다.

광역자치단체별 배전선로 지중화율 현황 (2022년 12월 기준)

광역시도	지중화율	광역시도	지중화율
서울특별시	61.62	충청북도	12.8
부산광역시	44.62	충청남도	12.16
대구광역시	36.18	전라북도	12.13
인천광역시	46.12	전라남도	9.39
광주광역시	38.77	경상북도	7.69
대전광역시	56.83	경상남도	12.94
울산광역시	29.18	제주특별자치도	20.92
경기도	31.92	세종특별자치시	46.72
강원특별자치도	**10.86**	평균	20.90

(출처: 한국전력공사)

지중화율의 격차가 큰 이유는 비용 부담 때문이다. 「전기사업법」상 전선로의 이설 비용은 지중이설을 요청한 자가 부담하는 것을 원칙으로 하고 시장, 군수, 구청장이 공익적인 목적을 위해 요청하는 경우 전선로를 설치한 자가 그 비용의 일부를 부담할 수 있도록 규정하고 있다. 이에 따라 지중화 사업은 지방자치단체와 전기사업자가 비용을 분담해 시행된다. 전선 지중화 사업에 드는 공사 비용은 1㎞당 14억 원 정도다. 지자체와 전기사업자의 비용 부담이 크기 때문에 전기 지중화 사업이 원활하게 추진되기 어려운 구조다. 국비가 지원되는 그린뉴딜 지중화 사업이 있지만 이는 주로 도시 재생과 연계해 추진됐다. 산불 피해지역의 재난 예방과 관련된 지중화 국비 지원 사업은 없는 실정이었다. 여기에 탈원전 등으로 한전의 누적 적자 상황이 심해지면서 전선 지중화 사업은 더 어려워졌다. 한전에 따르면 산불 피해지역인 고성군 토성면 원암리 일대에서 추진된 지중화 사업은 원암저수지 인근 배전선로 보강공사(지중화 0.98㎞ 및 가공보강), 미시령지 취약선로 보강공사(지중화 3.5㎞), 안전 보강형 저압 공급방식 시범 구축 공사(속초 지중화 0.1㎞ 및 가공보강) 등이 전부였다.

산불은 마을을 어떻게 바꿨나

∴ 2023년 10월 고성군 토성면 인흥리 일대. 전신주와 소나무가 인접해 있다.

　지중화뿐만 아니라 위험목 제거 사업도 '찔끔' 수준에 그쳤다. 2023년 4월 강릉 경포 산불 발생 이후 산업통상자원부와 산림청, 한전은 산불을 막기 위해 전선 주변 수목 제거 사업을 추진하겠다고 밝혔다. 하지만 같은 해 10월 동부지방산림청에 확인한 결과 16그루를 제거하는 데 그쳤다. 1그루당 제거 작업 비용이 100만 원 정도인데 1,600만 원을 들인 것이 전부였다. 내년 사업 예산안도 정부 안에 반영되지 않은 상태였다. 산림청은 2023년 11월 8일 전력망 주변 산불 위험목 제거 협력 강화 관계관 회의를 개최했다는 보도자료를 배포했다. 강풍으로 쓰러진 나무가 전선을 끊어서 발생한 4월 강릉 산불의 유사 사례를 막기 위해 강원도, 경상북도, 한국전력공사와 함께 연 회의였다. '협력 체계를 강화해 산불 위험목 제거 사업을 추진해 나가겠다'는 등 4개 문장이 전부인 한 장 분량의 보도자료에는 앞으로 예산을 얼마나 투입해 몇 그루를 제거할 것인지 내용은 전무 했다. 회의 장면을 찍은 사진은 선명했다. 이런 '보여주기식 행정'은 산불 재난 주무 부처의 복구, 예방책의 현주소를 그대로 보여줬다. 행정은 "왜 산불이 발생한 이후에야 위험목을 정리하느냐"는 이재민들의 통탄을 얼마나 이해하고 있을까?

∴ 2023년 6월 한 이재민의 임시조립주택.
입주는 시작됐지만 필수 가전제품이 도착하지 않은 채 비어 있었다.

지중화 등 인프라 격차가 첫 번째 불평등이라면 복구 과정에서도 불평등은 발생한다. 재난의 약자인 이재민들의 일상 회복을 더

디게 하는 두 번째 불평등은 '정보 격차'이다. 예년보다 무더위가 일찍 시작됐던 2023년 6월 강릉 산불 이재민들은 어수선했다. 임시조립주택 설치가 서서히 마무리돼 가고 생활용 가전제품을 들여놓아야 하는데 재해구호협회를 통해 받기로 했던 구호품이 언제 올지 알 수 없었기 때문이다. 세탁기, 냉장고, TV 등을 개인적으로 구매하려면 수백만 원이 들기 때문에 이재민들은 구호품을 기다릴 수밖에 없었다. 강릉시가 재해구호협회에서 파악한 정보 등을 통해 이재민들은 '6월 12일부터 배송이 시작된다'고 알고 있었다. 하지만 일주일이 지나도록 구호품(생활용 가전제품)을 받은 이재민은 아무도 없었다. 필수 생활 가전제품이 없는 하루하루는 이재민들에게 고역이었다. "고등학생인 자녀가 아무것도 없는 임대주택에 들어와서 생활하는 것을 어려워해요. 시원한 물 한 잔 마실 수도 없고 빨래도 할 수 없어요. 생활이 안정 되겠습니까?"

이재민들을 위해 매일 세탁 봉사를 하던 대한적십자사 봉사단도 2개월간의 봉사를 마무리하고 6월 10일 자로 철수한 상황이었다. 강릉시에는 매일 같이 이재민들의 전화가 빗발쳤다. 하지만 강릉시도 재해구호협회를 통해 '곧 배송 예정'이라는 정보만 받아 전달할 뿐 별다른 도리가 없었다. 이재민들은 재해구호협회에도 전화를 걸었다. 한 이재민은 "직원으로부터 왜 맡겨놓은 것처럼 전화하느냐는 투의 볼멘소리를 들었다"고 하소연했다. 산불 발생 초기여서 생활 안정이 필요한 이재민들은 또다시 불안을 겪었다.

70대 노모와 단둘이 거주하는 남영석(51) 씨도 답답해하기는 마찬가지였다. 입주 예정인 임시조립주택 주변을 정리하는 작업을 종일 하느라 찬물이 필요했지만 냉장고가 없었다. 어쩔 수 없이 물을 500㎖ 페트병에 담아 임시 거처였던 펜션의 냉장고에서 15개씩 얼려왔다. 남 씨가 복구 과정에 필요한 정보를 얻는 곳은 언론 보도였다. 그는 수시로 산불 관련 기사를 확인했다. 이곳 외에는 정보가 업데이트되는 곳이 없었기 때문이다. 남 씨와 같은 이재민들에게 필요한 정보는 '생활용 가전제품 배송이 곧 시작된다'가 아니라 구체적으로 언제 받을 수 있느냐였다. 또 임시조립주택 거주 기간(2년)이 끝나면 얼마에 매입할 수 있는지, 이후에도 거주할 수 있는지, 대출은 가능한지, 성금은 얼마나 받을 수 있는지 등을 궁금해했다. 모두 개인의 복구 계획 수립에서 중요한 정보들이기 때문이다.

강릉시는 이재민들이 지원받을 수 있는 제도를 모아 48페이지 분량의 '강릉 산불 피해 주민 조기 생활 안정을 위한 정부 지원 종합 안내서'를 2023년 5월 배포했다. 하지만 이재민들이 원하는 정보는 더 구체적인 정보였다. 본인이 거주하는 임시조립주택에 못은 박아도 괜찮은지, 주변의 불에 탄 소나무는 언제 벌채가 되는 건지 등이 대표적이었다. 2019년 고성 산불도 마찬가지였다. 이재민들은 2019년 특별심의위원회 회의 진행 상황과 의결 결과 등을 실시간으로 받기를 원했지만 정보를 받을 수 있는 길은 제한적이었다. 충분하지 못한 정보 제공은 특심위 회의를 '밀실 야합'이라고 규정한 일부 이재민들의 반발에서 볼 수 있듯이 오해와 불신을 초래했다. 2023년 구상권 소송 관련 1심 재판이 나온 이후에도 마찬가지였다. 이재민들은 보상이 시작되는지, 시작된다면 언제인지 등에 대한 구체적인 정보를 원했다. 이는 비상대책위원회라는 이재민 단체가 공지하는 방식으로 이뤄졌다.

산불 복구 과정에서 이재민들은 '정보 약자'의 위치에 놓인다. 국내 재난관리 체계상 산불이란 사회 재난을 수습하는 주무 부처는 행정안전부와 산림청이다. 그러나 이재민들은 복구 과정에서 훨씬 더 많은 부처, 기관, 단체들로부터 정보를 얻어야 한다. 강릉 산불로 주택 피해를 입은 이재민들만 보더라도 '주택 복구=건축과'이지만 '구호품 문의=복지과'였고 '사업장 복구=소상공인과'였다. 또 '피해목 정리=산림과' 등이었다. 강릉시청 안의 여러 부서와 이야기를 나눠야 했다. 그나마 강릉시청에 문의하는 방법을 아는 이재민들은 정보를 얻을 수 있었다. 하지만 시청에 직접 문의하는 것도 모르는 이재민들이 많았다. 주로 고령의 이재민들이었다. 답답한 마음에 직접 찾아간 곳은 동사무소였지만 해당 업무를 전혀 모르는 공무원들에게 답변을 얻지 못하는 경우가 대부분이었다. 정보를 얻지 못할 때마다 이재민들은 소외감을 느끼고 불안해했다. 그리고 행정의 업무 처리에 불만이 많았고 정부의 복구 체계를 불신했다.

이재민들은 복구 과정에서 조직적인 대응력에서도 불평등한 위치에 놓인다. 비상대책위원회란 한시적인 조직에 의존해 협상에

나서고 민원 제기를 해야 한다. 세 번째 불평등은 '조직의 불평등'
이다. 2023년 강릉산불비상대책위원회 사무실은 19㎡(6평) 남짓한
임시컨테이너였다. 펜션 전파 피해를 입은 최양훈 씨가 비상대책
위원장을 맡으며 본인의 사업장 앞마당에 설치했다. 냉장고는 최
씨의 펜션 안에서 그나마 불에 타지 않은 2개를 찾아 들여놓았다.
'강릉산불비상대책위원회'란 현수막이 이 건물의 용도를 알려주
는 표시의 전부였다. 이 6평 컨테이너 사무실은 산불 복구 과정에
서 비상대책위원회란 조직의 취약성, 열악함을 한눈에 보여줬다.
비상대책위원회 사무실에는 매일 이재민들이 오갔다. 생활의 터
전을 잃어 오갈 곳이 없는 일상에서 그나마 들릴 곳이었고 비슷한
처지에 놓인 이재민들에게 정보도 얻을 수 있었기 때문이다. 비대
위 사무실은 이재민들의 민원이 모이는 공간이었고 지자체도 이
공간을 통해 민원을 수렴해 나갔다.

∴ 강릉산불비상대책위원회 사무실

산불은 마을을 어떻게 바꿨나

사회 재난인 산불 피해 복구 과정에서 이재민들은 어김없이 비상대책위원회를 꾸린다. 서로 전혀 모르고 지내던 이들이 한날한시에 재난을 겪으며 이재민이란 공통점으로 한데 모이는 것이다. 대표는 선거 절차를 거칠 겨를도 없이 조금 더 주도적으로 나선 이재민이 비상대책위원장을 맡게 되는 경우가 많다. 주변에서 추대해 선출되기도 한다. 비대위가 짊어지는 책임은 막중하다. 대표성을 띤 단체이기 때문에 정부, 도청, 시·군청 등 관료 조직을 상대해야 한다. 하지만 전문성을 갖춘 인력은 있을 리 만무하다. 이런 상황에서 비대위는 수백 명의 이재민들에게 수시로 연락을 하고 첨예한 이해관계를 조율해야 한다. 언론 대응도 이들의 몫이다. 이재민들은 각자의 시선에서 비대위를 평가했다. 비대위를 중심으로 한 이재민들의 결집력도 그때그때 달랐다. 지역 여건과 기존의 관계 형성 등에 따라 차이가 매우 컸다. 농어촌 마을인 고성군 토성면 일대에서 발생한 2019년 고성 산불의 비대위와 도시인 강릉에서 발생한 2023년 강릉 산불의 비대위 활동 양상은 확연히 달랐다. 고성산불비대위는 2021년 2월 구상권 소송에 반대하며 도청 앞에서 트랙터 시위를 할 정도로 결집력이 강했지만 강릉산불비대위는 이런 시위는 단 한 번도 하지 않았다.

　한시적인 조직인 비상대책위원회가 시청, 도청, 정부 등 거대한 관료 조직을 상대로 민원을 관철시키기는 매우 어려웠다. 강릉 산불의 경우 피해액이 10억 원 이상인 펜션 피해업자들이 많아 소상공인 대출 지원이 현안이었는데 시청 등에 수차례 건의해도 개선되는 것은 없었다. 피해 유형, 액수 등에 따라 현안이 너무도 달랐다. 의견이 일사불란하게 모이지 않은 현안에 시청의 반응은 미적지근했다. 예산이 부족해서 어렵다는 답변을 이어갔다. 비대위는 도청의 담당자들도 찾아가 보았지만 "시청이 움직이지 않으면 도청은 움직이지 않는다"는 방침이었다. 결국 수십억 원의 피해를 입은 펜션 피해 이재민들은 피해 규모에 비해 열악한 지원 여건 속에서 복구를 시작해야 했다.

2019년 산불의 이재민 단체 중 하나이자 속초지역 주민들로 구성된 '4·4산불비상대책위원회'는 2023년 가을 무렵 이런 말을 했다. "그동안 활동을 모아 산불 백서를 만들 겁니다. 돌아보면 우리는 너무 약자였어요. 나중에 사회 재난을 겪는 사람들이 우리 같은 과오를 다시는 범하지 않도록 우리가 겪은 모든 일을 기록으로 남겨두려 합니다" 생전 처음 겪는 산불 피해로 경황이 없었고 이재민들은 수백 명이어서 의견을 모으지 못하고 우왕좌왕했다는 것이었다. 이로 인해 피해 보상 절차에서 의견을 제대로 관철시키지 못했고 이재민들의 합의가 나오기도 전에 보상 문제의 결론은 이미 나 버렸다고 봤다. 물론 이재민들이 실제로 백서를 만들기는 쉽지 않았다. 하지만 "우리가 비대위 활동을 하면서 겪은 과오를 누군가는 반복해서 겪지 않았으면 좋겠다"는 것은 진심이었다.

산불을 비롯한 사회 재난의 복구 과정에서 원인 제공자, 지자체,

산불은 마을을 어떻게 바꿨나

정부, 이재민 등 여러 주체가 나와 협의를 한다. 하지만 이재민을 대표하는 조직, 즉 비대위는 일사불란하게 돌아가는 행정 조직들과 비교하면 처한 여건이 완전히 다르다. 자연 재난과 달리 사회 재난은 원인 및 책임 규명, 보상 및 배상 문제가 수반되고 이 과정에서 비대위의 역할은 막중했다. 비대위 의사결정이 이재민 복구과정에서 미치는 영향은 매우 컸지만 운영의 전문성도 없고 한시적인 단체인 여건상 운영에 어려움은 많았다. 혼란과 불신, 갈등이 초래되기 쉬운 구조였다. 이런 상황에서는 비대위의 목소리에 힘이 실리기도 어렵다. 불평등은 재난의 약자를 만들고 약자를 더 약하게 만들었다.

8장

다시
일어서는 힘

필자는 2011년 일본 간사이 지방을 여행하며 '고베항 지진 메모리얼 파크'를 방문했다. 효고현 고베시 주오구 공원에 있는 이곳은 1995년 1월 17일 새벽 규모 7.2로 발생한 한신·아와지 대지진(고베 대지진)을 기억하기 위해 만든 공간이었다. 6,300명이 목숨을 잃고 1,400억 달러(한화 약 186조 원)의 피해액이 발생했다. 한신고속도로 고베선의 고가가 옆으로 쓰러진 피해 현장 사진은 대지진의 위력을 보여줬다. 일본인들이 대규모 복구 작업을 마치고 한편에 남겨둔 공간이 바로 고베항 지진 메모리얼 파크였다. 지진으로 기울어진 가로등, 갈라지고 파손된 항만 바닥 등이 고스란히 남아 있다.

산불은 마을을 어떻게 바꿨나

∴ 일본 고베항의 지진 메모리얼 파크

    이곳에서 인상 깊은 것은 2가지였다. 하나는 재난의 피해 현장을 그대로 남겨두었다는 점이었다. 두 번 다시 떠올리고 싶지 않은 악몽이었을 텐데 일본인들은 그 현장을 보존하고 있었다. 복구 작업 중에 흔적도 없이 사라질 뻔했던 재난의 현장은 그렇게 남았다. 또 다른 점은 초등학생들이 고베항 지진 메모리얼 파크를 견학하는 장면이었다. 재난의 현장을 보존하고 미래 세대의 학습 공간으로 활용하고 있었다. 그저 재난을 겪은 사람들의 아픔과 슬픔을 전하는 공간이 아니었다. 대지진 복구 과정에서 얻은 교훈, 수많은 사람들이 부흥과 재건을 위해 쏟은 노력을 후대에 전하기 위한 곳이었다. 후대에 '재난을 기억하고 대비하라'는 메시지를 전달하는 곳이었다. 실제로 일본은 1995년 대지진 이후 진도 관측 및 발표 과정의 문제점을 개선하고 내진 설계도 더 꼼꼼하게 했고 그 결과 2016년 비슷한 규모의 구마모토 대지진이 강타했을 때 피해를 줄일 수 있었다. 한국에는 이렇게 재난을 기억하고 후대에 교훈을 전하기 위한 공간이 있는가 되묻지 않을 수 없었다. 대형 산불을 숱하게 겪은 강원도도 마찬가지다.

산불 이재민들이 공통적으로 두려워하는 것은 사람들의 기억에서 잊히는 것이었다. 수많은 삶을 송두리째 무너뜨린 재난이 그저 '개인적인 고통'으로 남는 것을 안타까워했다. 자신들의 희생을 치르고도 사회적으로 아무것도 나아지지 않는 현실에 답답함을 느끼고 허탈함을 토로했다. 이는 재난에 대한 한국 사회의 인식을 보여준다. 이슈가 이슈를 덮는 사회에서 재난은 하루 이틀 소비하고 사라지는 수많은 이슈 중 하나일 뿐이다. 하지만 동해안 대형 산불 이후 남겨진 이재민들의 이야기에서 보았듯 재난은 개인뿐만 아니라 한 마을의 경제 구조, 지역 사회가 오랜 기간 쌓아온 사회적 자본을 취약하게 만든다. 재난을 한 번 겪은 것에 그치지 않고 또 다른 재난에 취약하게도 만든다. 재난의 영향은 단기간에 그치지 않는다.

더 중요한 사실은 재난이 단번에 그치지 않는다는 점이다. 위기 관리와 재난 대응 분야의 전문가인 줄리엣 카이엠(Juliette Kayyem)은 그의 저서 '악마는 잠들지 않는다'에서 재난의 일상화를 강조했다.

산불은 마을을 어떻게 바꿨나

기후 재앙, 사이버 공격, 테러, 팬데믹, 총기 난사와 같은 '악마'에게서 벗어날 수 없는 시대라는 의미다. 언제든 '악마'가 올 수 있는 시대에서 성공의 척도는 악마를 피하는 것이 아니라 거듭되는 악마의 귀환을 덜 비극적으로 만드는 것이라고 강조했다. 재난과 관련해 발생 확률을 통제하려는 시도 보다는 결과를 통제하려는 시도, 사후 대응 활동에 집중해야 한다는 것이다. '악마'가 도래했을 때 대응하고 회복하며 더 많은 '회복 탄력성'을 확보하기 위한 노력이 더 중요하다고 보았다. 프린스턴대 경제학과 교수인 마커스 브루너마이어(Markus Brunnermeier)는 그의 저서 '회복 탄력 사회'에서 회복 탄력성(Resilience)을 '다시 일어서는 능력'으로 정의했다. 거센 폭풍우가 몰아쳐도 꺾이지 않고 일어서는 갈대에 회복 탄력성의 본질이 담겨 있다고 말했다.

그렇다면 산불을 비롯한 사회 재난의 회복 탄력성을 높이기 위해서 어떤 노력이 필요할까?

첫 번째는 앞서 고베항 지진 메모리얼 파크 사례에서 언급했듯 '학습'의 과정이다. 국내 재난관리 시스템은 '예방→대비→대응→복구'로 이어지는 4단계로 돼 있다. 하지만 이제는 '예방→대비→대응→복구→학습'까지 이어지는 5단계로 바뀌어야 한다. 재난의 발생부터 복구까지 모든 과정을 진솔하게 복기하고 교훈을 찾는 과정이 반드시 필요하다. 재난의 피해가 복구되기까지는 오랜 시간이 필요하다. 개인의 재산이나 건강뿐만 아니라 심리, 교육, 소득, 가족관계 등에 전반적으로 피해를 입기 때문이다. 다시 원래대로 돌아가려면 짧게는 수년, 길게는 수십 년이 걸린다. 재난으로 무너진 일상을 회복하는 데 적절한 사회 시스템을 갖추고 있는지, 자원을 효율적으로 사용하고 있는지에 대한 점검이 필요하다. 무엇보다 재난이 남긴 교훈이 무엇인지에 대한 사회적 논의가 이뤄져야 한다. 이러한 개선 과정이 없다면 새로운 재난으로 충격을 겪었을 때 다시 일어서 설 수 있는 회복 탄력성을 키우기 어렵다.

회복 탄력성을 높이기 위한 두 번째 노력은 '소통'이다. 소통은 재난으로 인한 사회 갈등과 심리적 충격을 완화시키는 데 가장 중요한 부분이다. 행정 조직이 이재민들에게 복구 과정에 필요한 정보를 제공하는 것도 중요하고 복구 방향을 정하는 기준을 정할 때 의사결정 과정을 투명하게 공개하는 것도 중요하다. 소통은 민-관(民-官)뿐만 아니라 민간과 민간 간에도 중요하다. 특히 이재민들끼리뿐만 아니라 이재민과 비이재민 간의 소통도 재난 회복 탄력성을 높이는 데 중요하다. 재난으로 인한 사회 갈등과 분열을 막아야 하기 때문이다.

이재민과 비이재민의 소통과 관련해서 긍정적인 가능성을 확인했던 것은 2023년 강릉 산불 피해지 공영주차장에서 만난 빨래 봉사단원들이었다. 2023년 6월 초 경포대 앞 공영주차장에는 대한적십자사 회원들이 봉사하는 이동 세탁소가 있었다. 세탁기가 없어 빨래할 곳이 마땅치 않은 이재민들을 위해 매일 빨랫감을 받아 세탁해 주는 봉사단이었다. 40~50대 이재민들부터 70~80대 고령 이재민들까지 찾아왔다. 이재민들은 자신들이 처한 처지를 봉사단원들에게 터놓고 가기도 했다. 이웃끼리 집이 나란히 불에 타 펜션(임시거주시설)에 들어간 70대 할머니 2명이 있었는데 거동이 불편한 이웃 할머니의 빨랫감을 매번 함께 들고 오는 할머니는 봉사단에게 감동을 주었다. 이동 세탁 봉사활동은 산불 발생일로부터 2개월간 진행됐다. 보다 장기적인 관점의 봉사활동은 이재민들의 일상 회복과 사회 재난으로 인한 지역 갈등 해소에 큰 힘이 될 수도 있다. 이재민을 위한 봉사활동은 단순한 물리적인 복구를 넘어 소통으로 이어질 수 있어야 한다.

∴ 2023년 강릉 산불 당시 이재민을 위한 빨래 봉사를 하는 시민들

산불 등 사회 재난의 회복 탄력성을 높이기 위해 필요한 세 번째는 '소득원의 복구'이다. 국내 사회 재난 복구 지원은 주택 피해 지원에 초점이 맞춰져 있다. 이에 비해 일터를 잃은 사람들에 대한 지원책은 매우 취약한 실정이다. 대형 산불은 한 지역 사회의 소득원을 무너뜨리는 특성을 갖고 있다. 도심형 산불은 주택뿐만 아니라 사업장도 불태운다. 송이 채취가 중요한 소득원인 시골 마을의 고령층은 산불로 인해 심각한 생계 위협을 받는다. 하지만 국내 사회 재난 복구 체계는 최소한의 생활 안정 지원에 그친다. 임시조립주택을 지원하고, 전파 · 반파에 따라 주택 피해액의 일부를 지원하는 것이 주를 이룬다. 사업장에 대한 지원은 대출이 전부인데 이마저도 한도가 제한적이다. 고물가 시대에 사업장을 복구하는 데는 턱없이 부족한 수준이다. 이렇게 경제적으로 안정되지 않은 이재민들의 삶은 복구, 회복과는 거리가 멀 수밖에 없다. 소득원의 복구가 이뤄질 수 있도록 재난 복구 체계를 전면 점검해야 한다. 저리 대출 지원 한도를 경제 규모에 맞게 늘리고 산림이 불에 탄 마을에는 공공근로 일자리를 확대해야 한다. 물리적인 피해 현장의 '복구'를 넘어 이재민의 삶을 일으키는 '복지(Welfare)'라는 관점에서 재난 복구 체계를 다시 돌아봐야 할 것이다.

산불은 마을을 어떻게 바꿨나

"이재민(罹災民): 재해를 입은 주민" 국어사전에 나
와 있는 이재민에 대한 정의다. 살면서 이재민이 되리라 생각하
는 사람은 아무도 없다. 재난, 재해는 예고도 없이 들이닥치고 예
상 밖의 피해를 남긴다. 이 책은 강원도 동해안 대형 산불이 휩쓸
고 간 이후 남겨진 이재민들의 이야기였다. 이재민들의 시각에서
재난과 그 이후의 복구 과정을 바라보았다. 국내 재난 복구 체계
의 문제점에 대한 사회적 논의를 시작하게 만드는데 작게나마 계
기가 됐으면 하는 바람이다.

인터뷰는 섭외, 질의, 응답으로 이뤄진다. 그리고 인터뷰 대상
자의 이름을 실명으로 낼지 말지 의사를 묻는다. 이재민을 대상으

로 한 인터뷰는 모든 과정이 조심스러웠다. 어느 누가 살면서 두 번 다시 겪고 싶지 않은 악몽 같은 순간을 세세하게 떠올리고 싶을까? 어느 누가 슬프고 절망스럽고 억울한 약하고 초라한 자신의 모습을 실명으로 기록으로 남겨두고 싶을까? 하지만 기록의 정확성과 신뢰성을 위해서 이 2가지 일을 해야만 했다.

강릉, 속초, 고성, 양양, 삼척, 동해에서 각각 이재민 인터뷰를 마치고 춘천으로 돌아오는 차 안에서 늘 마음이 좋지 않았다. '이제 겨우 잊고 살아가는 분들의 상처를 다시 헤집는 것은 아닐까?'라는 생각이 들었다. 인터뷰 내용을 기록으로 남긴다고 해서 바로 제도가 개선되고 이재민 개인에게 이득으로 돌아가는 것도 없는데 말이다. 그럼에도 불구하고 기꺼이 인터뷰에 응해주시고 껄끄러운 질문도 받아주시고 아픔도 솔직하게 꺼내어 보여주신 모든 이재민 분들에게 감사드린다. 특히 실명을 기록으로 남길 수 있도록 해주신 분들에게 머리 숙여 감사드린다. 이렇게 책으로, 기록으로 남기는 것이 개인적인 고통을 넘어 사회적인 의미를 찾는 데 조금이나마 도움이 된다면 더 바랄 것이 없겠다.

춘천으로 돌아오는 차 안에서 '만약 나였더라면 어떻게 했을까?' 여러 번 생각했다. 하루아침에 수억 원, 수십억 원의 재산을 잃었다면, 그래서 빈털터리가 됐다면 나라도 저렇게 다시 일어설 수 있을까. 악몽 같은 기억에 무너지지 않고 오늘과 내일을 생각하며 살아갈 수 있을까 등등. 지면을 빌려 이재민들에게 지금 이 순간 살아가고 계신 것만으로도 존경스럽다고 꼭 전하고 싶다.

방일영 문화재단에 깊은 감사의 인사를 드린다. 2023년 4월 강릉 산불을 취재하고 난 이후 2019년 고성 산불, 2022년 동해안 산불 취재 경험이 떠올랐다. 기사를 넘어 이 모든 과정을 엮어 책으로 만들어야겠다는 생각이 들었고 재단의 저술지원사업에 신청했다. 부족한 기획서였음에도 책으로 남길 가치를 인정해 주시고 지원 대상으로 선정해 주셨다. 재단의 지원이 없었다면 이 책은 나오기 어려웠을 것이다.

동해안 산불을 함께 취재해 온 강원일보를 비롯한 강원지역의 동료 기자들에게도 감사드린다. 지역에 상주하며 재난의 현장, 그 이후의 수습 과정을 기록으로 남긴 모든 뉴스들이 하나하나 문제의식을 갖고 풀어나가는 데 큰 도움이 됐다.

이 책의 초고는 2023년 9월 초부터 쓰기 시작했다. 첫 문장을 시작하는 것에 아주 큰 압박감, 부담감을 느꼈다. 정동진의 한 숙소를 잡았다. 그날 밤 창밖으로 보인 바다 위 고기잡이배는 힘이 됐다. '누군가는 이런 한밤중에 저 깊은 바다 한가운데서 불을 켜놓고 고기를 잡는구나…' 마음에 힘을 얻었다. 이 책도 어느 누군가에게는 '고기잡이배'와 같은 글이 된다면 더 바랄 것이 없겠다.

참고 문헌

1) 김도균, 『환경재난과 지역사회의 변화』, 2011, 한울아카데미

2) 홍성호 외, 『재난 및 안전관리와 레질리언스』, 2022, 나비소리

3) 임상규 외, 「사회재난 수습 · 지원 가이드라인 개발」, 2020, 국립재난안전연구원

4) 김진선 외, 「재난 피해자 복구지원 실태 분석」, 2020, 국립재난안전연구원

5) 김용욱 외, 「사회재난 분야 구상권 행사를 위한 표준모델 개발」, 2021, 국립재난안전연구원

6) 채종헌 외, 「재난 불평등 해소와 사회통합 전략에 관한 연구」, 2018, 한국행정연구원

7) 이영재 외, 『재난관리론』, 2015, 생능출판사

8) 이시영, 『산불방재학』, 2021, 동화기술

9) 이창배 외, 『산불 관리의 과학적 근거』, 2023, 지을

10) 에릭 클라이넨버그(Eric Klinenberg), 『폭염 사회』, 홍경탁, 2018, 글항아리

11) 존 머터(John C. Mutter), 『재난 불평등』, 정상미, 2016, 동녘

12) 안 가쓰마사(安克昌), 『마음의 상처를 치유하는 일』, 박소영, 2023, 후마니타스

13) 마커스 브루너마이어(Markus Brunnermeier), 『회복탄력 사회』, 임경은, 2022, 어크로스

14) 줄리엣 카이엠(Juliette Kayyem), 『악마는 잠들지 않는다』, 김효석 · 이승배 · 유종기, 2023, 민음사

15) 속초문화관광재단, 「미시령으로 통하던 길 장천마을」, 오케이속초 Vol.07, 2021

16) 디지털강릉문화대전

산불은
마을을
어
떻
게
바
꿨
나

초판 1쇄 발행 2024. 5. 23.

지은이 신하림
펴낸이 김병호
펴낸곳 주식회사 바른북스

편집진행 박하연
디자인 김민지

등록 2019년 4월 3일 제2019-000040호
주소 서울시 성동구 연무장5길 9-16, 301호 (성수동2가, 블루스톤타워)
대표전화 070-7857-9719 | **경영지원** 02-3409-9719 | **팩스** 070-7610-9820

•바른북스는 여러분의 다양한 아이디어와 원고 투고를 설레는 마음으로 기다리고 있습니다.

이메일 barunbooks21@naver.com | **원고투고** barunbooks21@naver.com
홈페이지 www.barunbooks.com | **공식 블로그** blog.naver.com/barunbooks7
공식 포스트 post.naver.com/barunbooks7 | **페이스북** facebook.com/barunbooks7

ⓒ 신하림, 2024
ISBN 979-11-93879-99-3 03330